大学受験

一目でわかる
面接ハンドブック

河本敏浩

はじめに
～「守りの面接」から「攻めの面接」へ

　本書は、おそらく書店に並んでいる他の面接対策本とは根本的に考え方が異なっています。それは、いわゆる「面接対策」にありがちな「清潔感のある服装、正しい敬語、想定問答の暗記」といった安全策をあまり重視しないという点にあります。

　もちろん、面接に際して好感の持てる装いをし、きちんとした言葉遣いをすることは大切なことです。しかし、このような「大人に気に入られるように外面を整える」という発想は、すでに前時代のもので、現代の大学受験、あるいはそもそも人への評価という点ではあまり効果がないと考えているからです。

　一つの例を考えてみましょう。次の問題は、ある大学の小論文（というよりも表現力試験といった方がよいでしょう）で実際に出題されたものです。

問　Tシャツ・ミュージアム、すなわち、その歴史や文化を紹介する専門美術館・博物館を、自由な発想に基づいて計画して下さい。建築物や展示方法の特徴を具体的に記したプランでも構いませんし、たとえば「映画作品に登場するTシャツ」といったような、そのミュージアムで開催する展覧会の企画を行っても結構です。また、近年、単に作品や所蔵品を陳列するだけでなく、観客自身に作品制作などを体験してもらうことで展示物の持つ意義を直感的に理解させる、いわゆるワークショップを実施するミュージアムも増えてきました。そうした観客向けの催しを企画することも可能です。

　なお、資金や技術の制約を配慮する必要はありません。時間的ないし空間的制限も設けません。　〈東京工芸大学―推薦入試〉

ここで考えたいのは、この問題の解答ではありません。ポイントは、このような問題を出す出題者（大学の教員）のマインドです。ここに見られるのは、受験生の自由な発想、個性を問いたいという強い意欲に他なりません。

　さて振り返って、このような問題を出す出題者が並ぶ面接会場に足を運ぶ際に、「身なりを清潔にし、敬語をきちんと使い、志望理由を暗記していく」ということを念頭におき、実際にそれを実行したとして、どんな意味や価値があるでしょう。おそらくは、ただ単に印象の薄い受験生の1人として、面接官の記憶の彼方に消えていくだけです。

　結局、私たちが普通にイメージする保守的な面接対策は、高校入試レベルのものに過ぎません。数年後の就職活動と連なる大学入試の面接試験において、このような「守りの面接」が通用するのは、絶対に落ちないといわれる指定校推薦入試の面接や倍率1.0倍以下の試験だけだと断言できます。

　大人に気に入られるように自分の心を繕うのはもう止めましょう。本書が提案するのは、「語るべき実質」を持った「心」の養成──「攻めの面接」に他なりません。ぜひ本書の内容をよく味わって読み、一つの生き方の指針を作り上げる醍醐味を体感してもらいたいと思います。

河本敏浩

目　次

はじめに〜「守りの面接」から「攻めの面接」へ ……………… *2*

本書の使い方 ……………………………………………………… *6*

第1章　攻めの面接、守りの面接 ……………………… *7*

面接はどう評価されるのか ……………………………………… *8*
　公募制推薦・AO入試の場合／指定校推薦入試の場合／一般入試の場合

面接で差がつくのか ……………………………………………… *10*
　大学によって事情はそれぞれ…？

「守りの面接」とは何か ………………………………………… *12*
　「守りの面接」の長所／「守りの面接」の短所／大学入試での成功は就職活動での成功／確かな「選択」のために／学びの姿勢

「攻めの面接」とは何か ………………………………………… *18*
　「攻めの面接」の長所／内面の変化／「語るべき実質」を育む

第2章　何ができるのか〜短期間編 ………………… *23*

何から手をつけるべきか ………………………………………… *24*
　あと何日ありますか？／「なぜ、何を学ぶのか」

なぜその大学なのか ……………………………………………… *28*
　大学に何のために入学するのか／パンフレット、ホームページの落とし穴／注目すべきポイントは？

なぜその学部・学科なのか ……………………………………… *30*
　取り組んでみたいテーマは何か／どのゼミに所属したいか

取り組みたいテーマとゼミを決めるには ……………………… *32*
　大学のパンフレット／調べ方―『AERA Mook』『メタルカラーの時代』、図書館の利用―／再び、大学のパンフレット―ゼミ一覧、講義一覧、学際的講座（総合科目）―

注意すべきポイントは？ ………………………………………… *48*
　ミスマッチに注意／知ったかぶりに注意

第3章 何ができるのか～長期間編 ········· 51
さらに差をつけるには？ ········· 52
現場を見る／ボランティア／専門家へのインタビュー──学校の先生、大学説明会・オープンキャンパス、大学の学園祭、大学の公開講座、インターネット、プロの作品──／志望する世界の現状と未来像をまとめる

第4章 直前期から試験本番まで ········· 61
直前期…やるべきことは何か？ ········· 62
新聞を読む／事前提出書類のコピー、見直し／模範回答の暗記はしない／行き帰りも見られている

試験本番…面接官の心をつかむには？ ········· 66
笑い／時間延長／心を落ち着ける／知らないことを聞かれたら

第5章 面接試験実例集 ········· 69
面接の形式 ········· 70
個人面接①（面接官1人×受験生1人）／個人面接②（面接官複数×受験生1人）／集団面接①（面接官複数×受験生複数）／集団面接②（集団討論）／その他／控え室あれこれ

面接試験実例集～使用上の注意 ········· 80
文学部／外国語学部／教育学部／人間関係学部／社会学部／経済学部／商学部／法学部／理学部／工学部／農学部／生物産業学部／地球環境科学部／歯学部／薬学部／医学部／看護学部／医療技術学部／食品栄養科学部／家政学部

巻末付録① 答えられなかった質問シート ········· 142

巻末付録② Good Answersシート ········· 144

おわりに ········· 146

本書の使い方〜5つのポイント

その1 まず全てを読んでしまって下さい。根気がなくて読めないという場合は流し読みでも構いません。
▶ 第5章「面接試験実例集」から読むというのも一つの方法です。

その2 第5章「面接試験実例集」は、巻末付録①「答えられなかった質問シート」と巻末付録②「Good Answers シート」に質問や返答を書きこみながら読むと効果倍増です。
▶ 「答えられなかった質問シート」と「Good Answers シート」は、事前にコピーを取り、コピーに書きこむようにするとよいでしょう。

その3 「答えられなかった質問シート」に書き写された質問に答えられるようになって下さい。

その4 「Good Answers シート」に書きこまれた返答と同じレベルの返答ができるようになって下さい。ただし、**暗記は絶対に禁止です。**
▶ 「面接試験実例集」を直前の暗記用に使用するのは厳禁です。暗記すると、せっかく受かるはずの大学に落ちたりします。その理由は、本書の「おわりに」に書いてあります。

その5 本書の解説にしたがって、自分のできる範囲で納得できる対策を積極的に行っていって下さい。

『大学入試小論文シリーズ① 推薦・AO入試対応 自分を活かす志望理由書・面接』（東進ブックス）では、より詳しく「攻めの面接」対策、「攻めの志望理由書」の書き方について解説されています。本書とあわせて読むと、目に見えて効果が得られます。

第1章

攻めの面接、守りの面接

面接試験にどう対応するかは二通りの答えがあります。それが「守りの面接」と「攻めの面接」です。本書では後者を大胆に勧めますが、これは大学卒業後の就職試験にも連なる、セルフ・プロデュース＝自分をどのように他人に見せるか、という大切な問いに対する答えです。表現力を高め、自分の考えを練り上げていく第一歩がここにあります。

面接はどう評価されるのか

　大学入試といえば、まず、偏差値・点数競争を思い浮かべますが、みなさんもよく知っているように、近年は面接を取り入れた推薦入試も盛んに行われるようになっています。

　推薦入試は大きく3つのタイプに分けられます。一つは秋に行われる公募制推薦入試（倍率が出る）、一つは意欲や高校時代の実績が問われるAO入試（倍率が出る）、一つは基本的に落とされる人がいないといわれる指定校推薦入試（ほぼ全員合格）で、そのいずれにも多くの場合、面接が課されます。

公募制推薦・AO入試の場合

　公募制推薦・AO入試においては、面接は合否を分ける大きな要素にもなっています。ここでの面接は、近年の新しい大学入試制度の核心ともなっているもので受験生は相応の準備が必要だといえます。

指定校推薦入試の場合

　指定校推薦でも面接は課されます。どこの高校にも「指定校推薦伝説」のようなものがあり、秋になると「×年前に指定校推薦なのに落ちた先輩がいた」というようなエピソードがどこからか湧き出してきますが、やはり指定校推薦で落ちるという話は実際に聞いたことがありません。ケガや病気、途中退席など、受験生側の事情で入学が拒否されることはあっても、高校と大学の契約である指定校推薦でまともに合否を競わせて不合格者を出していては、高校側の怒りを買うのは当然で、ちょっと考えられないことだといえます。

　おそらく、指定校推薦の権利を取った受験生が気を緩めないようにという、高校の先生方の気配りによって語られているのがこの「伝説」の実態だと思いますが、それ故、ここでの面接はあくまで形

式だといえます。合格不合格というレベルの話であれば、気に病む必要は全くありません。しかし、だからといって、適当にお茶を濁せばよいと考えるのは問題です。そういった姿勢は、合格不合格という結果以上に、その後の人生の進み行き自体を歪めてしまう可能性を持っています。

一般入試の場合

また、一部の私立大学や医療系の大学、学部の一般入試で面接が課されることもあります。ここでの面接は、指定校推薦のようにほとんど形式だけというわけにはいきませんが、それでもやはり、それほど心配する必要はありません。

ここでの面接は、学科の点数の良さの足を引っ張ったり、点数の悪さをカバーするような影響力を持たないのが普通です。つまり、あまりにもおかしな（危険な）発想を持つ者をチェックするためのもので、ごく普通に対応しておけば十分なものなのです。ペーパーテストの点数さえしっかり取っておけば大丈夫という、偏差値・点数を競う一般入試の原則が貫かれているといえます。面接対策を心配するより、まず学科の得点力を磨くべきでしょう。

- 公募制推薦・AO入試では、面接が合否を分ける大きな要素になっている。
- 指定校推薦での面接は合否にほとんど関係ない。ただし、何もしないのは問題。指定校推薦という「場」を活かし、自分の今後の「進路」についてじっくり考えること。
- 一般入試はあくまで学科試験重視。その次に面接などの資料が審査の対象となる。面接で逆転を狙おうというのは、見当外れといえる。

面接で差がつくのか

　次に素朴な疑問ですが、果たして面接で差がつくのか、という点について考えてみましょう。特に公募制推薦・AO入試を受ける人にとっては深刻な問題だと思います。

大学によって事情はそれぞれ・・・?

　もし、面接でそれほど差がつかないのならば、その対策はほぼ無意味であるといえます。それどころか、評定(通知表の数値)や課外活動での実績が一歩劣る場合は、その大学の受験自体を避けた方がよい、ということにまでなってしまいます。

　また逆に、面接が非常に重視されるのであれば、たとえ評定や小論文の出来が良くても不合格の憂き目にあってしまうかもしれません。このような場合は、徹底的な対策が必要だともいえます。

　では、果たして答えはどうなのでしょう。残念ながら、ここでの答えは平凡に「大学によって事情はそれぞれ」ということになってしまいます。これを逆に言えば、公募制推薦・AO入試では「**その大学が面接をどのようにとらえているか**」**ということについての詳細なリサーチが必要**だということを意味します。

　面接の対策を必死に練り上げてきた受験生に対し、試験会場では眠たげな老教授が所在なさげに2人並んで座り、クラブ活動や趣味など、とても大学入試の面接とは思えない平凡な質問に終始することもあるかと思えば、評定の高さを理由に甘い面接対策しかしてこなかった受験生が、その甘さに対して面接官の怒りを買い、不合格にさせられたりすることもあります(同じ大学、学部・学科でも、他の面接官は甘々で、他の面接官にあたっていれば合格していたであろうと思われるケースもあります)。

このように考えると、大学の意識をあらかじめチェックしておくことに加えて、**どんな大学であれしっかりとした面接対策を準備しておいた方がよい**ということになります。

　ちなみに、より厳しい評価が下される就職試験では、面接の占める割合が高く、その意味で大学入試は就職試験の格好のトレーニングの場でもあるといえます。また、一般企業が面接を重視するということは、人の選抜という点で面接は有効であり、面接が差のつくものだということを意味してもいます。

 志望大学が面接をどう評価するのか、事前のリサーチが必要。

「守りの面接」とは何か

　面接が差のつくものであるとはいえ、仮に、大学に受かればいいということだけを考えるならば、「守りの面接」で十分事足りる場合が多くあります。指定校推薦の面接、定員割れ大学の面接、学科試験と共に申し訳のようについている面接などの場合は、確かに「守りの面接」で十分事足りるといえます。

　「守りの面接」とは、つまり「清潔感を保ち、敬語を的確に使い、想定問答を暗記しておく」ということのみに心を砕くことです。これだけを考えるならばアドバイスは非常に簡単なのですが、ここでは「守りの面接」の長所と短所（=功罪）について考えていこうと思います。

「守りの面接」の長所

　結局、大学入試なのだから合格しさえすればいい、というのは偽らざる心境だといえます。点数勝負の試験に、申し訳程度の面接がついている場合、妙に面接での逆転を期待して、英語や数学などの学科を軽視するのは本末転倒だといえます。それ故、面接は「守りの面接」でよいと割り切ることは十分に納得できるものです。厳密に言えば長所といえるものではありませんが、本当に大切なこと、選抜試験にとって重要な合否を考えるとき、「守りの面接」は必要最低限を効率よく押さえるという点では、十分に意味のあるものだといえます。

　では、このような「守りの面接」でよい、となった場合、具体的にはどのような作業をしていくことになるのでしょうか。前にも述べましたが、一つは身だしなみを整え、一つは敬語を磨き、一つは想定問答集を作成してそれを暗記する、といったところでしょう。

もちろん、これはこれでよいともいえます。単に、受かればいい、と考えるならば、この対策で十分です。

このように考えると、「守りの面接」の長所は、作業自体が明確で、周囲の大人のアドバイスを素直に聞いていれば事足りるということです。特に、想定問答集を作ってその答えを暗記するという準備は、ごく普通の面接対策ではよく耳にするものです。本書も、そのような作業（想定される問いに対して、自分なりの回答を練り、それを暗記する）に少なからず対応しているのは言うまでもありません。第5章「面接試験実例集」を、そのような点から利用する方法もあると思います。

しかし、このような姿勢で面接にのぞむというのは、別の大きな問題をもたらしてしまうのです。せっかくの「面接」という機会を、本当にこのような姿勢でやり過ごしてしまってよいのでしょうか？

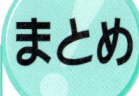

- 面接がそれほど重視されない場合は、「守りの面接」で十分対応することができる。
- 「守りの面接」では最低限の対策（清潔感、敬語の使い方、想定問答集の暗記。学科試験がある場合は、得点力、偏差値を上げる）に心を砕けば、表面的にはそれでよい。
  → 「面接」という機会をそのような姿勢でやり過ごしてよいのか？

「守りの面接」の短所

　ちょっと厳しいものになりますが、「守りの面接」の欠点を指摘することにします。言うまでもなく、倍率の出る公募制推薦・AO入試では、そもそも「守りの面接」では通用しないということがありますが、それ以外にも（特に生き方という点で）「守りの面接」には大きな落とし穴が待っています。

　大学に合格した後のことを考えてみましょう。詳しくは、次の項で解説しますが、面接のコツは大学入学後に具体的に何をしたいのかを明確に述べることにあります。しかし、このことをあまり考えず、**出来合いの誰かの言葉や情報をうのみにし、狭いフィールドだけで自分の未来像を考えていると、第一に大学入学後の学生生活への適応に問題が生じてしまいます。**
　経済学部と経営学部の違いがわからないまま入学した経済学部の学生や、社会福祉の実像を大学3年の実習で知り、イメージ以上に泥くさい現場に触れた瞬間、福祉への道を断念する学生などは、ある意味で偏差値・点数主義の選抜試験の犠牲者の側面もありますが、何よりも入学後、卒業後の未来像を組み立てなかったという点で、人生の失敗ともいえる状況に陥っているといえます。
　実際、AO入試の導入が増えている背景には、このような入学後の大学教育のイメージを持たないまま大学に入る学生が増え、それが問題視されていることもあるのです。

大学入試での成功は就職活動での成功

　近年はあまり言われなくなりましたが、「大学生は遊んでいる」というイメージは、今述べたような、とにかく大学に入ってしまえばそれでいいとする風潮が生み出したもので、10年前ならば確かにそのような大学生は珍しいものではありませんでした（今でも大学によっては多数存在していますが）。

もちろんこのように遊んでいられた大学生の背後には、大学さえ出ておけば仕事があり、その仕事を選ぶことができるという社会状況がありました。20年前なら、大学・短大卒は3人に1人に過ぎず（今は2人に1人が大学・短大卒）、大卒という資格に意味があった時代の文化といえます。

しかし、今はもう20年前とは状況が違います。学部・学科が非常に多岐に渡り、文学部・法学部・経済学部程度しかなかった時代とは異なる心の構えが必要なのです。大学の卒業学部・学科が就職に直結するとして、それに異様に多くの種類がある場合、少しでも偏差値の高い大学に行くということ以上に、**何を学ぶのか、どこで学ぶのか**というのは深刻な意味を持ちます。近年の大学のあり方と、今の親世代が十代だった時期との違いは、まず学部・学科が非常に細分化され、選択肢があまりに増え過ぎているという点にあります。

たとえば、ある大学の経営情報学部は、おそらく普通の経営学部とは違う特色を持っているから「経営情報学部」になっているのです。そこに、単に偏差値が合ったからという理由で入った学生、本当は行きたい大学が別にあったが浪人を避けて不本意入学した学生、指定校推薦が取れたから何となく入った学生、そして**経営学部ではなく経営情報学部であることを十分にリサーチし、何を学ぶのか明確にわかって入った学生**——この4人が並んだとき、4年後の就職でどのような差がつくか、誰もが同じ想像をすることができます。

不景気で就職率の悪さが報道されることはもう普通の風景になっていますが、指針を持ち、具体的に何をしたいかを考えた上で大学を選び、業種・企業を選ぶことのできる人は、決して就職で苦しむことはありません。こと、公募制推薦・AO入試に関して言えば、大学入試での成功は就職活動の成功を十分に予感させるものです。

確かな「選択」のために

あまりにも選択肢が広がり過ぎるとかえって選べない——これがいわば現代の高校生の一つの姿です。何かを「選ぶ」ということについて時間をかけたり、アドバイスを受けたりする場は極端に少なく、ある意味、これらのことは自分でやっていかなければなりません。

そのときに役立つのが面接対策です。極端な話、面接対策を進めるうちに、進学しようとする学部・学科に違和感が広がり、もう一度進路を練り直すということがあったとしても（偏差値競争が好きな人は「遠回りになる」と批判するでしょうが）、それは非常に良いことであるといえます。

逆に、何となく選んだ学部・学科の具体的実像に触れ、大学教育への期待がふくらむことで、自分がなぜその学部・学科に引き寄せられたのか、改めて思い知ったりもします。こうなるともう、「遊ぶ大学生」になどなりようがありません。

これらの点からも、面接対策を重ねる意義があることは明らかです。どんな大学をどんな形で受けるのであれ、しっかりとした面接対策をしておいた方がよい、ということになります。

- 何を学ぶのか、その実像を知る機会が面接対策である。面接対策で、入学後のミスマッチを事前に防止する。
- 面接対策を、自分の進路をもう一度見つめ直すきっかけとするべきである。確かな選択のためには、時間をかけて自分を見つめ、大学を見つめ、学部・学科を見つめなければならない。

学びの姿勢

　何かを学ぶということが18歳の段階で終わることはありません。今の私たちに大切なのは、**大学に入っても学び続ける心の構えを持つ**ということです。そして、この心の構えこそが、次の項で解説する「攻めの面接」の核心となるのです。

　それ故に、指定校推薦の面接であろうと、学科試験の傍らにある形式的な面接であろうと、「攻めの面接」は大切なのです。単に試験を突破するということではなく、大学に入学した後も続く、いや大学に入学して初めてはじまる「自分だけの勉強」を組み立てていくには、面接対策というのは必須の予行演習になります。

　結局、「守りの面接」は、短期的な視野のもと、試験に受かりさえすればいいという意味でなされるなら、未来の自分の可能性を摘むことになってしまうのです。その安易さは、さまざまな問題や社会不安が山積みされている現代において、進路や生き方という点で、非常に大きな問題を投げかけることになります。

　以上を踏まえて明確に言えるのは、少なくとも本書では、「守りの面接」を推奨することはない、ということです。

安易な「守りの面接」は、さまざまな問題や社会不安が山積みされている現代において、進路や生き方に非常に大きな問題を投げかけることになる（＝未来の自分の可能性を摘むことになる）。
→本書では、「守りの面接」を推奨しない。

「攻めの面接」とは何か

では、「攻めの面接」とは一体何か──一言でまとめるとすれば、**「プレゼンテーション能力の向上」**であるということができます。

プレゼンテーションとは直訳すれば「表現、発表」、一般的には「新企画のプレゼン」「自社製品のプレゼン」といった形で使われます。これを入試面接に応用すると「**自分の意欲をプレゼンする**」ということになりますが、そのために必要となる問いは以下の通りです。

プレゼンテーション能力を向上させる8つの問い
1. なぜその大学なのか
2. なぜその学部・学科なのか
3. 取り組みたいテーマとそれを選んだ理由
4. 自分の選んだテーマはどのゼミに該当するか
5. その学科やテーマの現状
6. その専門領域の未来像
7. 自分の未来像
8. 斬新な取り組みや信頼できるプロの紹介

これらの問いに対して効果的な返答を用意することが大切なのですが、逆に効果的な返答さえ用意できれば、どうして自分がその大学を選んだのか、あるいは自分の未来の姿などを比較的明確にイメージすることができます。

また同時に、このプレゼンテーション能力の向上は、**自分の意見をはっきり述べる**、あるいは**自分の考えていることをきちんと言葉にまとめる**という、大切だけれど多くの人が苦手としていることを克服するきっかけともなります。この点まで考えるならば、入試対策とはいえ、決して苦しいだけのものにはならないはずです。

私たちの社会ではよく「自分の意見を表現したり、述べたりすることが苦手な人が多い」と言われます。しかし、考えてみれば、自分の意見を表現したり、述べたりするためには、家庭か学校のどこかで訓練される必要があるはずです。ところが、私たちは家庭でも学校でも、黙々と問題を解くことは要求されても、自分の感じていることや疑問に思っていることを組み立てて発表する訓練を受けることはほとんどありません。これでは、「自分の意見を的確に述べる」ことを苦手とする人が多くいたとしても不思議ではありません。ならば、どこかでそれを身につける訓練をしたならどうでしょう。

　「自分の意見を率直に言う」という能力は、現代の社会において、もしかすると黙々と問題を解く能力よりも重視されつつあるかもしれません。国際化の進展、あるいは医療現場や有名企業のさまざまな問題行動を考える際、ここぞというときにはっきりものを言うことのできる人材が強く求められるのは時代の必然だともいえます。そして、だからこそ「攻めの面接」なのです。単なる入試対策としてではなく、その延長にある生き方の問題も含めて、プレゼンテーション能力の向上をとらえていくことはとても大切なことです。

「攻めの面接」の基本はプレゼンテーション能力の向上にある。この能力の養成は自分の意志を明確に示す良いトレーニングになる。

「攻めの面接」の長所

　プレゼンテーション能力の向上は**内面の充実**につながり、内面の充実は面接でのプレゼンテーションの成功に戻ってきます。仮に、面接官から意地悪な質問をされても、軽やかに対応することができるものです。

つまり、「攻めの面接」とは、**自らの内面的な充実を図り、将来の指針を明確にした上で、大学の実情、ゼミのラインナップなどを探索する**ことで可能になるものです。ここまでの準備をすれば、想定問答集を作って答えを暗記したり、緊張感から何も言えなくなるということを心配する必要もありません。「語るべき実質」を持たない人のプレゼンは弱々しく、「語るべき実質」を持った人のプレゼンは力強いというのは、確かな真理だといえます。

また、先ほどの問いを就職活動に置き換えてみましょう。

❶なぜその会社なのか
❷なぜその業界なのか
❸取り組みたい業務とそれを選んだ理由
❹自分の選んだ業務はどの部署に相当するか
❺その業界、その会社、その業務の現状
❻その専門領域の未来像
❼専門人としての自分の未来像
❽斬新な取り組みや信頼できるプロの紹介

こう考えれば、面接に対する有意義な準備が4年後の就職対策に応用がきくことがわかります。また、大学では「守りの面接」でも大丈夫な場合もありますが、就職活動では「攻めの面接」でなければはじまりません。それは、大学が教員自身の研究活動が主であるのに対し、企業はあくまで営利で、個々人が組織の戦力にならないと会社自体が潰れてしまうという危機感があるからに他なりません。

特に、10年以上も続いている昨今の最悪の経済状態を考えるならば、大学入試の際、そして大学在学中に甘やかされれば甘やかされるほど、仕事が遠ざかってしまうという悪循環があります。また、単に、がんばる、気合だ、根性だと叫んでも、厳しい営利の現場で生きている企業人にとって、それは虚しい叫びにしか聞こえません。

ならば、**自分の位置を的確にとらえ、自分の個性を見出し、それを伸ばしてくれる大学を探す**ことはとても大切です。さらに近年は、偏差値の序列が良い大学か否かの序列に反映されていないケースも見られます。今「良い」大学は未来の「良い」大学とは限らず、今「悪い」大学が未来の「悪い」大学とは限りません。改革に熱心な大学は、偏差値の序列とは別に確かに存在しています。「攻めの面接」は「良い」大学の発見に強く貢献するものだともいえます。

「攻めの面接」対策を実行することは、大学入試での成功と共に就職活動への良き波及効果をもたらす。

内面の変化

　ここまで述べたことを踏まえると、大学入試の面接に付け焼刃的な準備だけでのぞむ受験生の危うさが浮き彫りになると思います。

　当たり前のことですが、面接の答えはそれぞれ個性的でなければなりません。そして、「ああ、この受験生はうちの大学に入るべきだ」と面接官が思う返答をしなければなりません。大変そうですが、現実に作業を進めていくと、一種不思議な気持ちに襲われることも一面の真実としてあります。

　「**面白さ**」「**充実感**」「**深層の自分との出会い**」——これらが不思議な気持ちの一側面ですが、これらは本書で具体的な対策を進めていけば必ず味わうことのできる気持ちのうねりでもあります。

　「攻めの面接」とは、その対策を進めることで**内面的な変化を呼び覚ます**ものだといえます。面接のようなかしこまった場では緊張して思ったことを表現できないという人がよくいますが、それも以下に続く対策をすることで、多くの場合、乗り越えることができます。

もちろん、突然明るく、フレンドリーな性格に変わるわけではありませんが、ぽつりぽつりと語るその言葉の一つ一つに説得力があれば、面接官は身を乗り出し、話している当の受験生もいつのまにか緊張感を乗り越えることができるものです。口下手である、じっくり考えなければ答えられない、というのも一つの個性です。しかし、たとえそういった性格であっても、心の中にある意欲、姿勢が異なれば、面接の際にその意志は十分伝わります。

　就職試験の面接官は、よく「数分の時間があれば、その人間を採用すべきか否か判断できる」と言います。それは決して見た目の良さやおしゃべりの機転(きてん)がきくということで判断されているわけではありません。そして、長く大学入試の面接対策を見てきた立場からしても、「数分で判断できる」という発言に嘘はないと思います。それほど、受験する者の内面は判断されやすいものだといえます。

「語るべき実質」を育む

　ここではっきり確認しておきます。まず、**想定問答集の暗記という対策は捨ててしまいましょう**。それは単なる取り繕いであると同時に、倍率の出る厳しい面接試験では明らかにマイナスの要因になるからです。その最も安易な面接対策を捨てた後に見出されるものこそ、いまなお眠っているかもしれない**自分の意欲や適性**なのです。

　「語るべき実質」を育てあげる──本書が狙(ねら)っているのはまさにこの点であり、それは決して暗記で定着するようなものではありません。本書は、その個々の対策を通じてみなさん1人1人の内面を掘り起こしていこうとしているのです。

　さて、いよいよ「語るべき実質」を育(はぐく)む、「攻めの面接」対策の一つ一つを紹介していくことにします。さまざまな対策が語られますが、まずは一気に全部読んでしまうことをお勧めします。

第 2 章

何ができるのか
～短期間編

第2章では、あと1ヶ月しかないという人のための「緊急避難」の方法を解説します。満足できる結果が出るかどうかは微妙ですが、それでもやはり、自分は絶対大丈夫だと信じ、最後までベストを尽くす必要があります。

何から手をつけるべきか

あと何日ありますか？

本書を今まさに読み、面接対策に思いを馳せている人は、まず試験日までの残りの日数を数えてみましょう。

受験する大学、学部にきちんと倍率が出ていて、さらにその試験日までの残された日数が1ヶ月を切っている人は、準備不足の今の状況をはっきりと「後悔」して下さい。この場の出遅れは仕方ないとしても、（4年制大学志望者ならば）もし3年後にまた同じようなことが起こると、今度は就職活動で困ることになります。せめて次は同様の失敗を犯さないように心に誓いながら、まずは本書を最後まで読み切ってしまいましょう。

また、日数にゆとりがあり、長期的展望で対策を練る余裕があるという人は、この第2章を**面接対策の第一歩**として読むとよいでしょう。以下で述べられることは、**大学に入る前の段階でどうしても必要なチェック項目の確認と具体的な行動案**です。最低限の対策を進めるための提案ですが、逆にそうであるが故に大切な作業ばかりです。

 まず、本書を一気に全部読む。そして個々の対策のための行動に移る。時間がある人は、じっくり構え、一つ一つ丹念に作業を進めていくとよい。

「なぜ、何を学ぶのか」

では、一体どのような作業を進めるのか。その焦点は、**なぜその大学なのか、なぜその学部・学科なのか、そして自分が今後どのような人生を歩もうとしているのか**、という問いに答えていくという作業にあります。

これらの問いに一つ一つ答えていくことは、もしかすると、たとえば英単語を2000個覚えたり（その気になればいつでも覚えられる）、数学の公式を自分のものとする（同じく、その気になればいつでもできる）ことよりも大切かもしれません。この面接対策を通じて、小、中、高校とあまり問われることなく見過ごしてきた「**なぜ、何を学ぶのか**」という難問の答えを見つけてほしいと思います。

　それでは、さらにこの問いを踏まえ、何から手をつけるべきか、その作業ラインナップを先に示してしまいましょう。

 答えられることと答えられないことの区別

❶本書を最後まで読み、第5章「面接試験実例集」などから、どの程度の受け答えが必要なのかを体感する。

❷「面接試験実例集」を、実際に自分が問われたらどう答えるか、シミュレーションしながら読む。

→もちろん、初めは答えに詰まってもよい。大切なのは、その際、以下の作業を行うことである。

❸「面接試験実例集」のシミュレーションの中で、言葉に詰まったり、いい答えが浮かばなかった問いについては記録に残す。

→巻末付録①「答えられなかった質問シート」へ。

❹「面接試験実例集」の中で、これはいい！と思った受験生の返答についても同様に記録に残す。

→巻末付録②「Good Answersシート」へ。

→受験生の目から見て感心できるものは、実は同様に大学の教員の目から見ても感心できるものが多い。

　現実に、このように「答えられなかった質問シート」と「Good Answersシート」が作られることは大変良いことです。問題点が浮き彫りになり、**試験日までの明確な目標**が得られます。

逆に言えば、これらの作業は、面接で納得できる答えを表現するために、まずは問題点を具体的に、どんどん洗い出していこうということです。その意味で、作業をていねいに進めたいところです。

　そして、自分には答えられない質問や、どうしてこんな良い返答ができるのだろうという疑問を胸に抱いたら、その答えをあわてて求めるのではなく、その答えが自然に出てくるような作業を進めるのです。そして、その作業こそ、前章で述べたプレゼンテーション能力の向上に貢献する一連の項目です。

　では今一度、必要な問いを見直しておきましょう。

プレゼンテーション能力を向上させる8つの問い

❶なぜその大学なのか

❷なぜその学部・学科なのか

❸取り組みたいテーマとそれを選んだ理由

❹自分の選んだテーマはどのゼミに該当するか

❺その学科やテーマの現状

❻その専門領域の未来像

❼自分の未来像

❽斬新な取り組みや信頼できるプロの紹介

　これらを踏まえ、以下では「答えられなかった質問シート」と「Good Answersシート」を横目に見つつ、この「プレゼンテーション能力を向上させる8つの問い」について、具体的に解説していこうと思います。

「答えられなかった質問シート」と「Good Answersシート」の疑問を解消するために、「プレゼンテーション能力を向上させる8つの問い」へと向かう。

第2章 何ができるのか〜短期間編

プレゼンテーション能力を向上させる8つの問い❶
なぜその大学なのか

大学に何のために入学するのか

　なぜその大学なのか、と問われたとき、最も説得力があるのが、**「○○の講座が貴学（貴校）にはあるから」**という返答です。

　スポーツの力量を買われて特別選抜で大学に入学するという異例の形を除いて（いや、あるいはそれも含めて）、大学に何のために入学するかというと、「自分が結局、何をやりたいのか見つけるため」でもなく（「見つけてから受けに来てくれ」と言われてしまいます）、「人間関係を学ぶため」でもなく（最もありがちな答えです）、「友達を100人作るため」でもなく（友達は大切ですが…）、ただ一つ「**専門教育を受けるため**」というのが本来の答えです。

　事前に提出する志望理由書でも同様ですが、肝心の大学の専門教育の部分を飛ばして、志望理由を書いたり、述べたりするのは、墓穴を掘るものだと考えた方がよいでしょう。当たりさわりのない、漠然とした回答では面接官も突っ込みようがなく、そこで話が終わってしまうという失敗の原因は、まずここにあると考えられます。

パンフレット、ホームページの落とし穴

　それ故に、受験する大学のパンフレットやホームページをうのみにし、そっくりそのままマネをすることで終わってしまうのは避けるべきことです。「緑に囲まれ…」「伝統を誇る…」「留学制度が…」「情報処理のシステムが…」と、多くの大学のパンフレットがその教育環境の良さをさまざまに訴えていますが、ここはちょっと考えどころです。もちろん、この点を面接で述べること自体は悪いことではなく、逆に積極的に言ってよいともいえます。しかし、繰り返し述べますが、自分が志望する専門教育について何も述べず、このような教育環境の良さだけを切々と訴えることは考えものです。

これらの教育環境の良さのあれこれについて、受験生はすぐに志望理由として書いたり、述べたりしますが、ほとんど意味がありません。しかし、「教育環境のすばらしさ」をアピールすることが公募制推薦・AO入試の根幹だと勘違いしている人が大変多いのです。

　では、なぜ教育環境についてほめることに意味がないのでしょう。その理由は実に単純なものです。それは端的に言って、「**受験生みんながこぞって教育環境の良さを第一に述べるから**」に他なりません。**誰もが述べることは、誰もが述べる以上、平凡で、評価の対象にならず、むしろ大勢の中に埋没し、目立たなくなってしまう原因とも**なるのです。

注目すべきポイントは？

　では、大学のパンフレットやホームページを見ることは無意味なのでしょうか。もちろん決してそんなことはありません。観点を変えて見ると、大学のパンフレットとは実に意義深いものなのです。

　注目すべきポイントは、**大学の講義形態の独特な個性、履修科目（実際に受講する大学の講座）のバラエティー**などです。いずれも実際に講義を受ける際に、受講生自身の心構えを必要とするもので、この点からいくつかの大学のパンフレットやホームページを見比べ、特徴を割り出していくことはやはり大切だといえます。

教育環境の良さを訴えることは、なぜその大学を志望するのか、という問いの答えにはならない。同時に、大学のパンフレットやホームページの内容をそのまま受け売りで表現することはしてはならない。
大切なのは、自分が何を学びたいか具体的に考えた上で、その大学の長所を探すこと、そして他大学のパンフレットやホームページと見比べて、その大学の特徴を割り出していくことである。

プレゼンテーション能力を向上させる8つの問い❷
なぜその学部・学科なのか

取り組んでみたいテーマは何か

　では、何に目を向けたらよいのでしょう。なぜその大学、学部・学科なのか、と問われたときに、最も説得力があるのは、「○○というテーマに取り組みたいが、貴学はそのテーマについて定評がある」「○○というテーマに取り組みたいが、貴学はそのテーマの研究についてスタッフが揃い、設備が整っている」という述べ方です。

　第5章「面接試験実例集」を見ると、多くの受験生が志望学部・学科の枠の中で具体的に何をテーマとして取り組みたいか述べていることがわかります。おそらく、受験生にとって最も大切なのは、一体何を研究するために大学の扉を開くのかという点で、それ以外のことは常に二次的、副次的（メインではない）問題だといえます。

　しかし、ここで一つの大きな問題が生じます。仮に今、まさに本書を読んでいる段階で、大学入学後に取り組んでみたいテーマが決まっている場合はよいのですが（その場合、本書の以下の内容は流し読みで十分です）、そうでなければ大きくとまどってしまうことになります。むしろ、多くの受験生にとっては、「そんなことを今、急に言われても困る…」というのが本音だと思います。このような問いを立てることなく受験勉強をしているのが私たちの社会の受験生の実像であり、逆に言えば、**この問いに対する答えを見出すことができれば面接対策のほとんどを完了することになります。**

どのゼミに所属したいか

　もっと具体的に述べれば、それは大学3年生になったときに（今の時点で）どのゼミに所属したいと考えているかということです。このような問いを立てると、途方もないことのように思えるかもしれませんが、その答えを出すことは決して難しいことではありません。

遊んでいるように見える大学生でも、どのゼミに入るのかは考えますし、第一、受験生にはそれを調べるための資料がたくさんあります。むしろ、大学2年生になったときに考えなければならない問いを単に先取りしているだけだと考えるとよいと思います。結局、（4年制大学志望者ならば）大学3年生になったらどのゼミに所属したいか、その方針をはっきりさせることが最も大切なことなのです。

　もちろん、短いようで長い大学生活の中で、気持ちが変わったり、方針が大きくぶれることはあります。しかし、気持ちが変わったり、ぶれたりしたときは、またそのときに真剣に考えればいいことで、「いずれ心変わりするから決めるのは止めよう」と結論づけてしまうと、物事は何一つ進んでいきません。

　特に、受験生はどういう形であれ、どの学部・学科に進学するのかということを結局は決断しなければなりません。時間もないし、どうせ変わるからといい加減に決めてしまう人もいるでしょうし、**時間をかけて今の自分にとってベストの判断を下すことができるよう心を砕く**人もいるかもしれません（そうあってほしいものです）。

　公募制推薦・AO入試の良いところは、この両者が並んだ場合、待ったなしで後者の受験生を評価するということです。いずれにしろ、面接官である大学の教員はある領域のマニアであり、その領域についてのマニア志願者を冷たく突き放すことはありません。

　大切なのは、どうしてその学部・学科を選び、その中でとりわけ何に興味があるのか、ということです。これはぜひ自分を見つめつつ、じっくり調べる必要があります。

まとめ　大学の学部を知り、学科を知り、講義を知り、ゼミを知り、小さなマニアになる、それが面接対策の根本。

プレゼンテーション能力を向上させる8つの問い❸❹
取り組みたいテーマとゼミを決めるには

1．大学のパンフレット

　本書を読んでいる人は、面接が必要だと決まった受験生だと思います。ならば、自分の受ける大学が決まっており、当然、その延長線上として何学部・何学科を受けるのかも決まっているものと思います。面接を必要としない大学も多いので、本書を読んでいる段階で、あれかこれかで迷うという状況はあったとしても、全く自分が何学部を受けるのか決まっていないという人はいないと思います。

　そして、この点を踏まえて、まず大学のパンフレットを見てみましょう。複数の大学で迷っている人は、その全部を開いてみるとよいでしょう。

　その中には、大学の講義のラインナップ、ゼミのラインナップ、あるいは教員の紹介が掲載されているものと思います。そこでまず大切なことは、**自分の受けようとする大学の講義一覧やスタッフの専門紹介があったときに、それが一体どういう研究なのか、比較的明確にわからなければならない**ということです。

　「私は獣医学について学びたいが、獣医学がどういうテーマの群(むれ)で成り立っているかわかりません。しかし、意欲は人一倍あるので、入学させて下さい」という受験生と、
　「**私は獣医学の分野でも〇〇という分野に今は関心を持っています。なぜ〇〇という分野に関心を持ったかというと…（以下、具体的なマニアトーク）**」という受験生がいた場合、
　「うーん、やる気がありそうだから前の方の人に合格通知を送ろう」という大学教員はいません。もしそういう大学があるとすれば、その大学の10年後はピンチです。

となると、**自分の受ける学部・学科の講義一覧を、それが何を目的として設けられているのか調べなければなりません**(とはいえ、あくまである程度でよい)。では、何を調べたらよいのでしょう。

さて、ここからが真の面接対策です。取り組みたいテーマとゼミを決めるためには、まずメニューの全体像を理解しなければなりません。

フランス料理店で、フランス語で書かれたメニューを前にして、一体自分がこの中のどれを食べたいのか考えようとしても無駄です。そもそも、フランス語がわからなければ、何も選べないはずです。ならば、フランス語から勉強しなければなりません。

同様に、大学に入るために、大学のパンフレットを見つめて、一体自分がどんな講義・ゼミに関心があるのか、漠然と考えても無駄です。なぜなら、大学のパンフレットにある、講義・ゼミの一覧の一つ一つがわからなければ、そもそも選べないはずです。ならば、大学のパンフレットにある、講義・ゼミの内容を知らなければなりません。

以下では、その具体的な調べ方について解説していきます。

ここまでくると、本書の冒頭で述べた、「身だしなみに気をつけて、敬語を上手に使い、想定問答を暗記する」ことの無意味さが理解できると思います。

第2章 何ができるのか〜短期間編

まとめ

大学のパンフレットの講義・ゼミ、スタッフの専門紹介に注目。そしてとりあえずそのラインナップ全てについて、人の助言や解説を安易に求めず、まず自分の力で調べてみる。

2．調べ方

まずは、何と言っても**文字情報**です。残りの日数が少なくとも、フットワーク軽く、「高速」でたくさんの情報に触れるためには、**良きガイドブックと図書館の利用**がお勧めです。

● 2－1．『AERA Mook』(アエラムック)（朝日新聞社）●

まず、頼りになるガイドブック、『AERA Mook』を紹介します。書店にない場合、注文すると2週間以上かかる場合があるので、自分の志望学部・学科に該当するであろう本を決め、なるべく早く注文してしまいましょう。なお、朝日新聞の専売所でも取り扱っており、こちらの方が若干早く手元に届くようです。

『AERA Mook』は、学部別、学科別、テーマ別を主軸に、現在のその分野の専門家のインタビュー、その分野の今後の可能性、そしてその分野が何を具体的に研究するところなのかを紹介した本です。特に医療や経済関連の解説本は複数ありますが、基本的に、自分の志望学部・学科に該当するものは全て購入して下さい。

内容は非常に難しいので、今の段階で完全に理解する必要はありませんが、講義・ゼミの内容理解には欠かせないものなので、やはり買っておくべき本です。驚いたことに、今まさに本書を読んでいる「あなた」の受験する大学、学部の先生が、その筋のマニア、名高い専門家としてインタビューに答えていたりするものです。

参考 >>> 『AERA Mook』一覧

※お問い合わせは、編集部（TEL 03-5540-7846 FAX 03-5541-8829）へ。

人文科学系

『人類学がわかる』『考古学がわかる』『幕末学のみかた』『精神分析学がわかる』『旧約聖書がわかる』『親鸞がわかる』『日本語学のみかた』『源氏物語がわかる』『万葉集がわかる』『童話学がわかる』『シェイクスピアがわかる』『歴史学がわかる』『元禄時代がわかる』『宗教学がわかる』『新約聖書がわかる』『外国語学がわかる』『民俗学がわかる』『平家物語がわかる』

『漱石がわかる』『地理学がわかる』『仏教がわかる』『日本史がわかる』『司馬遼太郎がわかる』『日本神話がわかる』『村上春樹がわかる』『現代哲学がわかる』『文化学がわかる』『キリスト教がわかる』『古代史がわかる』『日本語文章がわかる』『新版 心理学がわかる』『新版 哲学がわかる』

教育系

『スポーツ学のみかた』『人間科学がわかる』『新版 教育学がわかる』『健康学がわかる』『大学改革がわかる』『勉強のやり方がわかる』

社会科学系

『アジア学のみかた』『法律学がわかる』『新国際関係学がわかる』『マルクスがわかる』『憲法がわかる』『金融がわかる』『犯罪学がわかる』『新マスコミ学がわかる』『観光学がわかる』『平和学がわかる』『新版 社会福祉学がわかる』『新版 政治学がわかる』『法科大学院がわかる』『コミュニケーション学がわかる』『新版 社会学がわかる』『新版 経済学がわかる』『新版 経営学がわかる』『福祉士になる』『外資系で働く』『マスコミに入る』

理工系

『数学がわかる』『工学がわかる』『物理がわかる』『新版 建築学がわかる』

自然科学系

『動物学がわかる』『生命科学がわかる』『天文学がわかる』『頭脳学のみかた』『生物学がわかる』『農学がわかる』『気象学のみかた』『恐竜学がわかる』『植物学がわかる』『地震がわかる』

医療系

『精神医学がわかる』『看護学がわかる』『死生学がわかる』『医療福祉学がわかる』

家政系

『生活科学がわかる』『家族学のみかた』『恋愛学がわかる』『食生活学がわかる』『ジェンダーがわかる』

芸術系

『芸術学がわかる』『ファッション学のみかた』『コミック学のみかた』『音楽がわかる』『歌舞伎がわかる』『アメリカ映画がわかる』

総合政策系

『マルチメディア学がわかる』『情報学がわかる』『新版環境学がわかる』

● 2-2.『メタルカラーの時代』山根一眞著（小学館）●

　理系の人には、『メタルカラーの時代』がお勧めです。理系の専門家（第一線で活躍する理系技術者たち）に対するインタビューによって成立している本なのですが、非常にわかりにくい理系技術が現実の世界にどのように応用されているのかよくわかります。自分の該当する専門分野と重なるインタビュー記事を探して下さい。

　ちなみにこの本は、ちょっと大きな図書館ならばたいてい入っており、棚(たな)にない場合は司書に相談してコンピュータの検索にかけてみましょう。近隣の図書館に所蔵(しょぞう)されていれば、1週間程度で手元に届き、借りることができるはずです。数巻にわたって出版されているので全部読むのは少し大変ですが、気に入ったテーマやインタビューが入っている巻を探し、はっきり役に立つと感じたならば思いきって買ってしまいましょう（値段の安い文庫でも出ています）。

参考 ≫ 『メタルカラーの時代4』目次

第1章　大災害の教訓
　阪神・淡路大震災[阪神高速]20か月の空前復旧工事　阪神高速道路公団
　大震災の神戸で被害ゼロ[耐震継ぎ手]の水道管路　クボタ
　阪神・淡路大震災86万戸の[都市ガス復旧]　大阪ガス
　3年で完了目指す首都高速道路の[耐震補強工事]　首都高速道路公団
　既存ビルの地震対策[あとから制震、居ながら工事]　鹿島
　特級の地震対策[天然ゴム＋鉄板]の免震理論　日本免震研究センター
　ナホトカ号事件で注目[流出油回収装置]の独創　テーシーシー

第2章　モノ作りの舞台
　1時間に250キログラム[炒り卵自動製造機]の温度加減　スエヒロEPM
　世界一を独走[複合工作機械]の名誉獲得の道　松浦機械製作所
　世界最高の工具鋼・安来鋼の原点[たたら製鉄]　和鋼博物館
　「角度の原器」作りも目指す[角度センサ]の製造　多摩川精機
　世界一の鋼板製造設備を駆使する[巨大製鉄所]の進化　新日鐵広畑製鐵所
　15トンの鋼板を毎日600本生産[熱延工場]の世界一　新日鐵広畑製鐵所
　高さ25メートル団地のような設備を操る鋼板の[冷延工場]　新日鐵広畑製鐵所
　全世界の省エネに必須素材[電磁鋼板]製造の自信　新日鐵広畑製鐵所

製鉄所の生産トラブル防止の鍵こそ[メンテナンス]　新日鐵広畑製鐵所
　[電子基板]の超ミニ部品「世界規格」実現の熱き志　TDK

第3章　美しき大科学
　時速360キロで地下710メートルへ[無重力実験施設]　地下無重力実験センター
　地下突進カプセルを停止[エアーダンピング・ブレーキ]　三井造船
　砂時計の砂が宙で停止する[地下なる宇宙開発]　石川島播磨重工業/宇宙船
　猛落下カプセル完全生中継[光通信システム]　東芝
　世界一美しい炎の[燃焼メカニズム実験]秘話　北海道大学
　人類が初めて手にした巨大な眼[スプリング8]　高輝度光科学研究センター
　日本科学力の勝利[スプリング8]で世界的成果　愛媛大学
　和歌山ヒ素カレー事件の謎を解いた[スプリング8]　東京理科大学

第4章　音と光のデジタル世紀
　デジタルオーディオの創造主[CD誕生]までの洒脱なる日々　ソニー
　超微細標的の狙撃手[音楽用CD]を読む技術　ソニー
　テレビ局技術者も感銘させた高感度[デジタルビデオカメラ]　松下電器産業
　苦節20年投資額100億円[デジタルビデオテープ]の実現　松下電器産業
　凸凹10万分の1ミリ以内[デジタルテープ用樹脂フィルム]　東レ
　冷蔵庫大回路から開発[デジタルビデオカメラ]　ソニー

第5章　百年目のメタルカラー都市
　神の意志を読み創造するタービン軸[巨大ハガネ]　日本鋳鍛鋼
　荷揚げ日数を短縮[鉄鉱石搔き出しロボット]　石川島播磨重工業
　[溶鉱炉の発想でゴミ溶融]に取り組む男意気　新日本製鐵
　脳汁が出る思いで開発した超小型[宇宙の高炉]　アドバンストスペーステクノロジー
　産業界騒然の大発明[光触媒超親水性技術]　TOTO
　工業の基礎中の基礎[モーター]の技術開発史　安川電機
　1500人が足で全日本を調査の[住宅地図]　ゼンリン
　日本工業発展の秘密と[アジア貢献]への思想　北九州国際技術協力協会
　公害克服で国連環境賞を2回受賞した工業都市　北九州市長

第6章　大自然に学ぶ感性
　日本の高度技術で貢献[アマゾンナマズ資源調査]　三洋テクノマリン
　保護か開発か[アマゾン漁業資源調査]の新思想　三和商事
　高付加価値[熱帯雨林遺伝子資源]で農業革命へ　瀬古商会
　皆伐熱帯雨林再生で[森林農業]確立の自然技術　トメアスー農業協同組合
　自然保護の新しい意識の象徴アマゾン[群馬の森]　在北伯群馬県人会
　密林のメタルカラー[小野田寛郎少尉]の技術力　小野田自然塾
　強力伝染病[O-157]ウイルスの出身は赤痢菌　ウイルス学者

● 2 － 3 ． 図書館の利用 ●

　ガイドブックの購入と並行して、地域の図書館にも向かいます。なるべく大きな図書館がよく、遠出をすることも覚悟して下さい。そして、図書館に行ったならば、最低でも半日は時間を費やすようにして下さい。具体的な作業は以下の通りです。

ここがポイント

❶自分の志望する学部・学科関連の書籍が並んでいる棚に向かう。
　→わからないときは、司書に聞けば案内してくれる。

❷棚の前に立ったら、上の左端から（別に右端からでも下からでも構わないが）順に本を抜き、パラパラとめくる。
　→難しそう、面白くなさそうなものはパスして、すぐに本棚に戻す。

❸流し読みに専念する。
　→このときの最大のコツは、あまり真剣に読まず、あくまでも流し読みに専念すること。なぜなら、いちいち読んでいたらきりがなく、またもっと良い本とめぐり会う機会が奪われてしまう可能性があるから。目安としては1冊2分程度。

❹棚の最後の本までいくか、50～100冊の本をめくったら、それをめどに、その中から学部・学科を理解するために役立つ、わかりやすい本をセレクトする。同時に、自分にとって面白そうな、テーマとなるもの（志望学部・学科の範囲内で）について解説した本があるならば、それもセレクトする。

❺❹の基準で選んだ本をパラパラとめくり、今度は（流し読みより）もう少し読んでみる。難しいところはパス、面白いところ、わかりやすい、役立ちそうなところはコピー、という具合に、自分の目線で理解できるものだけを集めていく。
　→難しい本については、2～3年後再びトライするものと位置づける。何冊かの書籍のコピーが集まった段階で終了。

学部・学科の紹介、テーマの紹介を掲載している読みやすい本があったら、きちんとマークしておきましょう。そして、その本が本当に役に立ちそうならば、できるならば書店に行って買ってしまいましょう。こういった本は、自分の志望する学部・学科を知る上で、また同時に、面接、志望理由書などさまざまな局面で、大変役に立つものになるはずです。

　ここまでたどり着いて決めた本＝愛読書は、しっかり繰り返し読みましょう。そして、愛読書が決まったならば、図書館の利用はここでいったん終了となります。

　さて、この段階で手元に何があるべきかというと、『AERA Mook』(『メタルカラーの時代』)、書籍のコピー、そして大学のパンフレットです。

第2章　何ができるのか〜短期間編

まとめ

・学部・学科の内容を知ることと、その中で自分が取り組みたいテーマを見つけることがまず一番大切。
・本を読むときのコツは、まず「流し読み」すること。現代のような高度情報化社会では、本の量だけでも押しつぶされそうなほどある。ならば、「きちんと本を読む」前に、「どの本をきちんと読むべきか」を自分で決めなければならない。このとき、人のアドバイスをうのみにしない。自分の手や足を動かさなければ何もはじまらない。自分の目で「きちんと読みたくなる本」を発見したら、そこで面接の際の「語るべき実質」をつかまえたも同然。
・地域の図書館や学校の図書室、進路資料室などを積極的に利用する。自分の目で確かめた情報こそ本物の情報なので、自分の関心、自分の気持ち、自分の感性を大切にしながら、他人のアドバイスを聞いたり、資料を読まなければならない。

3．再び、大学のパンフレット

 さて、書籍のコピーが手元に集まり、『AERA Mook』（『メタルカラーの時代』）も流し読みし、ほぼ進学先の学部・学科の雰囲気と自分のやってみたいテーマが決まったら（漠然とでよい）、ここでもう一度大学のパンフレットやホームページに戻ってみましょう。

 以前見たときと比べて、印象が変わって見えますか。自分の取り組んでみたいテーマが決まった上でパンフレットやホームページを見てみると、ずいぶん印象が変わって見えるものです。そして、以前なら目が行っていた「緑に囲まれ…」「伝統を誇る…」といった漠然とした内容よりも、スタッフ（大学教員）や講義・ゼミのラインナップに自然に目が向くようになっていたら、それはせっせとガイドブックや図書館を利用して「調べた」成果が出ているということです。つまり、**その大学で自分のやりたいテーマに取り組めるのか、スタッフはいるのか**、その確認に心が向かっていれば、何も言うことはありません。

 ただし、専門科目の講義・ゼミのラインナップを見たとき、みなさんは一つの分かれ道に立つことになるかもしれません。曖昧であれ、何となくであれ、自分の学びたいテーマを持った上で大学の講義・ゼミのラインナップを見たとき、果たしてそのテーマがその大学で本当に学べるのか、ということが大きなポイントになってくるのです。すなわち、どうも該当する講義・ゼミがないという場合が問題なのです。このときの選択は、次のいずれかになります。

選択①受ける大学自体を変えてしまう。
選択②その大学にある講義・ゼミの中で、改めて面白いものを探す。

 どちらにすべきだというものではありません。もし、事前に自分の選んだテーマについて、その大学で講座が開講されていないこと

がわかったならば、このいずれかで対処するしかありません。試験日までそんなに日数がなければ後者にすべきでしょうし、どうしても納得できないならば、極端ですが浪人してでもそのテーマが学べる大学にこだわるべきでしょう。

いずれにしろ、一つ言えることは、**有意義な選択のためには、再び大学のパンフレット、ホームページを見た後に、改めて図書館に足を運ぶような姿勢がほしい**ということです。大学のパンフレットの中にある講座紹介をきっかけに、別の興味が芽生えることもありますし、また新しいテーマを発見することもあるかもしれません。このようなとき、本当に図書館はみなさんの味方になってくれるところなので、ぜひどんどん利用して下さい。

さて、次のページからは、3つの大学（学部・学科）について、大学のパンフレットで見ることのできる講義・ゼミの一覧を紹介します。一つ一つの講義・ゼミは大変難しそうですが、『AERA Mook』や書籍のコピーなどと読み比べながら、自分の受ける大学の講義・ゼミのラインナップの紹介については理解できるようにし、さらにどの講義・ゼミが面白そうかという選択眼まで持てるようにして下さい。

まとめ

自分の取り組みたいテーマを決めてから、大学のパンフレットを改めて見つめる。自分の取り組みたいテーマがその大学の講義・ゼミにあればよし、なければもう一度練り直し。大学にこだわるか、テーマにこだわるか、オーバーではなく一生の問題なので、じっくりよく考え、他人のアドバイスにも積極的に耳を傾けるようにする。

● 3-1. ゼミ一覧 ●

　大学のパンフレットからの引用です。一つ一つの講義に短い解説がつけられていますが、この解説自体も大変難しい内容になっています。『AERA Mook』や書籍を流し読みし、先生など身近な大人に質問して、それぞれのゼミが一体どのようなことをテーマとしているのか理解しましょう。何をやりたいか選ぶのは、その後です。

参考 >> ゼミ一覧例（立命館大学経営学部より）

※2001年パンフレットより。毎年必ず開講されているとは限りません。

安藤哲生ゼミ

アジアの経済発展と日本の役割
Search KEYWORD　日本企業に求められるアジアの一員としての役割を探求。
研究内容　アジアの国々に沢山の工場を作ることで、その国の経済発展に貢献し、また自らも多くの恩恵を得ている日本の企業。そのアジアの一員としての役割について、生産会社を中心に学習。海外での工場見学も実施する。
主な卒業研究テーマ
・ASEAN諸国の国民車計画－その内容と実情－
・文化・アジア的価値という名のスローガン
　－シンガポール国家アイデンティティの模索－
・中国巨大市場の行方－世界からの投資の動きと家電市場についての考察－

今田 治ゼミ

グローバル競争と現代企業の生産システム
－自動車企業を事例として－
Search KEYWORD　世界の企業のノウハウから、日本の自動車産業の問題点を考察。
研究内容　主に自動車企業を対象に、世界の企業がどのような技術、生産方法、労働力を使い、製品を開発・生産し、またどのようなネットワークを築こうとしているのかを考慮しつつ、日本企業の生産システムの現状と問題点等を研究する。
主な卒業研究テーマ
・自動車企業における製品開発とマーケティング
・日産とルノーの提携と「世界最適調達」
・トヨタ生産システムの新たな展開
　－IT化との関連で－

千代田邦夫ゼミ

現代社会における会計の役割
Search KEYWORD　株式会社の「真実の姿」を明かす、財務諸表について学ぶ。
研究内容　誰しも株式会社の「真実の姿」や「実態」を知りたいと思うはず。それは財務諸表によって明らかにすることができる。ここでは、簿記や原価計算、経営分析など、そのために必要な理論と技術を勉強する。
主な卒業研究テーマ
・"会計ビッグバン"のわが国企業に及ぼす影響
・国際化の中での財務ディスクロージャー制度
・ソニーの財務戦略

仲田正機ゼミ

現代企業の所有・支配・管理－国際比較研究－
Search KEYWORD　世界各国で変わりつつあるガバナンスの仕組みを国際比較。
研究内容　現代は会社の仕組みが大きく変わりつつある時代であり、アメリカ、ヨーロッパ諸国、アジア諸国においても同様といえる。変化しつつあるのは、ガバナンスの仕組みである。この制度を国際比較分析していく。
主な卒業研究テーマ
・日本におけるコーポレート・ガバナンスの再構築
・多国籍企業の経営行動
・競争戦略における商品開発

服部泰彦ゼミ

日本の金融・証券市場システムの未来を考える
Search KEYWORD　金融機関の経営破綻にも対処しうる新しいシステムを探究。
研究内容　バブルが崩壊した90年代において、日本ではそれまで倒産したことがなかった多くの金融機関が経営破綻に陥った。このゼミでは、そうした事態にも対処しうる新しい金融システムのあり方を考えていく。
主な卒業研究テーマ
・金融ビッグバンと投資信託
・アジア通貨危機
・金融システムの安定とセーフティネット

原 陽一ゼミ

財務会計の今日的課題－会計の仕組みを学び、21世紀におけるその役割を考える－

Search KEYWORD 会計の問題のみならず、広く社会と人間の問題に迫る。

研究内容 会計という領域で今何が起きているのか、近年の会計制度大変革は何によってもたらされたのか、それが企業や社会のあり方にとってどんな意味をもつのかを考えた上で、日本の社会システムのあり方を見つめ直す。

主な卒業研究テーマ
・連結納税制度－導入の可否と問題点の検討－
・財政投融資改革と特殊法人改革について
　－問題点を浮き彫りにして改善策を考察する－
・環境報告書における環境会計－環境保全と環境経営が共存する対話社会をめざして－

三代澤経人ゼミ

現代企業と会計の諸問題－管理会計問題を中心として－

Search KEYWORD 計画のための会計方法を検討し、企業経営に不可欠な判断力を養う。

研究内容 企業の運営・経営に不可欠な利益・収益性を計算する会計(管理会計)、特に経営計画や統制のための会計の方法と考え方を検討し、会計の基礎と動向を研究。「経営することは会計すること」といわれる根拠を探る。

主な卒業研究テーマ
・自動車部品工業のコスト分析
・キャッシュフロー会計の構造
・ABC(活動基準原価計算)の構造

木下明浩ゼミ

ブランド・マーケティング

Search KEYWORD 身近なブランドをアンケートから分析。

研究内容 コカ・コーラ、ユニクロなど、身近にあるブランドはどのように創造され、管理されているのかを研究する。ブランドに関する消費者アンケートをおこない、その分析から具体的な施策を打ち出せるようにしていく。

主な卒業研究テーマ
・コンビニエンス・ストアの競争戦略
・アパレルにおけるセレクト・ショップの可能性
・都市政策－ハードからソフトへの転換

齋藤雅通ゼミ

製品戦略とマーケティング

Search KEYWORD マーケティングを深く理解し、消費者のニーズと企業の行動を考える。

研究内容 マーケティングとは、顧客の満足をめざして製品を開発、生産、広告、流通、販売する体系的な企業活動である。消費者は何を望んでいるか、製品をどのように開発し、管理するのかを中心テーマに研究している。

主な卒業研究テーマ
・消費者行動と小売マーケティング
・アパレル業界のビジネスシステムの発展
・日本型ディスカウントストアの拡大の可能性

三浦一郎ゼミ

マーケティングとイノベーション

Search KEYWORD 企業がいかに顧客を創造したのか。成長の真の理由を解明する。

研究内容 ユニクロは、そしてスターバックス・コーヒーは、なぜ急成長しているのだろうか。企業の成長を考えるとき、その企業がどのようにして顧客を創造したのかを明らかにしなくてはならない。その時の基本的テーマが、マーケティングとイノベーションである。

主な卒業研究テーマ
(新設ゼミのため該当テーマなし)

雀部晶ゼミ

今日の技術水準を探る

Search KEYWORD 現代社会を支える高度な技術。その未来はいかに？

研究内容 今日では、少し周囲を見渡せば「すごい」と感じられるような技術が多種多様にある。この現状がいかにして可能になったのかを考え、21世紀の技術について多角的に検討し、未来に向けて提言することをめざす。

主な卒業研究テーマ
・三木市の金物の歴史と今後の発展
・原子力からの脱却－日本の新エネルギー改変－
・循環型社会におけるもの作りのあり方

橋本輝彦ゼミ

21世紀の企業システムを探る

Search KEYWORD 社会の変化に対応し、21世紀に生き残る企業とは？

研究内容 市場需要の多様化・個性化、情報財・サービス財の拡大、情報技術の進展、グローバル化などを背景とした日米の新しい事業戦略・企業システムの変革を分析し、21世紀に成長し、生き残る企業のあり方を解明する。

主な卒業研究テーマ
・ビールメーカーの競争戦略
・デジタル放送産業の未来
・顧客主義の顧客満足経営

奥村陽一ゼミ

ビジネスモデル分析

Search KEYWORD 「ビジネスの発見と創造」をスローガンとするゼミ。

研究内容 21世紀の新しいビジネスの創造が期待されている。特にインターネットを活用したeビジネスが注目されている。アマゾンやヤフーなど、新しいビジネスの仕組みや工夫(ビジネスモデル)を学ぶことを目標とする。

主な卒業研究テーマ
・起業家ジェフ・ベゾスとアマゾン・ドットコム
・iモードを活用した観光情報システム
・インターネットによる双方向テレビゲームの開発

第2章 何ができるのか～短期間編

● 3-2. 講義一覧 ●

次は理系薬学部の専門科目のラインナップを見てみましょう。

大変難しそうな講義名が並んでいますが、薬学部に入学するということは、これらの科目を履修し、単位を取っていくことを意味します。今の段階で完全に理解する必要などどこにもありませんが、ここに挙げられている一つ一つの講義の意味や中身をある程度であれ理解できれば、その大学、学部の個性の一端(いったん)をのぞくことができると思います。また、個々の講義の解説についても、大学のパンフレットの中では（相変(あいか)わらず難しいままですが）、きちんと紹介されています。ここで取り上げられた講義名だけを見て、プレッシャーを感じないようにして下さい。

参考 》》 講義一覧例（昭和大学薬学部より）

※以下の表は2002年度のものです。講義名などは変更されることがあります。

薬学部履修要項　付表
2002年度(平成14年度)入学者

	授業科目	必修単位	選択単位
外国語科目	英語C	1	
	英語D	1	
	英語E	1	
	英語F	1	
基礎教育科目	解剖学	1	
	生理学	1	
専門教育科目	基礎化学	1	
	有機化学Ⅰ	1	
	有機化学Ⅱ	1	
	基礎分析化学	1	
	薬品分析化学Ⅰ	1	
	薬品分析化学Ⅱ	1	
	物理化学Ⅰ	1	
	物理化学Ⅱ	1	
	物理薬剤学Ⅰ	1	
	物理薬剤学Ⅱ	1	
	生薬学Ⅰ	1	
	生薬学Ⅱ	1	
	微生物学	1	
	生化学Ⅰ	1	
	生化学Ⅱ	1	
	生化学Ⅲ	1	
	生化学Ⅳ	1	
	薬理学Ⅰ	1	
	医療の担い手としてⅠ	1	
	合計	25	0
実習	薬化学実習	2	
	薬品製造化学実習	2	
	分析化学実習	2	
	物理化学実習	2	
	医療の担い手としてⅡ	1	
	合計	9	0
	総計	34	0

授業科目		必修単位	選択単位
基礎教育科目	病理学	1	
専門教育科目	有機合成化学	1	
	医薬品化学	1	
	放射化学・放射保健学	1	
	生体防御学	1	
	衛生化学	1	
	環境科学	1	
	薬局方概論・食品衛生化学	1	
	公衆衛生学	1	
	機器分析化学	1	
	薬理学Ⅱ	1	
	毒性学Ⅰ	1	
	毒性学Ⅱ	1	
	ビタミン・ホルモン学	1	
	生物薬剤学Ⅰ	1	
	生物薬剤学Ⅱ	1	
	臨床薬剤学Ⅰ	1	
	臨床薬学Ⅰ	1	
	局方医薬品Ⅱ	1	
	薬学英語A		①
	薬学英語B		①
	合計	19	②
実習	生物化学実習	2	
	生理化学実習	2	
	生薬学実習	2	
	薬理学実習	2	
	微生物学実習	2	
	衛生化学実習	2	
	毒物学実習	2	
	薬剤学実習	2	
	臨床薬学系実習	2	
	合計	18	0
	総計	37	②
	臨床検査実習Ⅰ		臨⑮

※春季休暇の病院実習の単位は4年次に認定する。

授業科目		薬学科		生物薬学科	
		必修単位	選択単位	必修単位	選択単位
専門教育科目	薬事衛生法規	1		1	
	薬物治療学	1		1	
	局方医薬品Ⅰ	1		1	
	薬学特論演習	1		1	
	化学療法薬		1		1
	天然物薬品化学		1		1
	漢方概論	1		1	
	蛋白構造活性相関		1		1
	バイオテクノロジー		1		1
	セルバイオロジー		1		1
	分子免疫学		1		1
	分子薬理学		1		1
	臨床薬学Ⅱ		①		①
	臨床薬剤学Ⅱ		①		①
	臨床病態生化学		①		①
	臨床毒性学		1		1
	臨床分析化学		1		1
	臨床薬学Ⅲ		1		1
	分子薬剤学		1		1
	有機反応論		1		1
	香粧品学		1		1
	合計	4	⑤	4	⑤
実習	臨床検査法		臨①		臨①
	医用工学概論		臨①		臨①
	臨床生理学		臨①		臨①
	臨床検査総論		臨①		臨①
	卒業特別実習	5		5	
	病院実習Ⅰ☆		2		2
	病病院実習Ⅱ☆		1		1
	調剤薬局実習☆		1		1
	合計	5		5	
	総計	9		9	
	臨床検査実習Ⅱ		臨②		臨②

・選択の欄に表記してある臨①は、臨床検査技師国家試験受験に係わる授業科目である。
・当該授業科目および病院実習の単位数は、卒業に必要な単位数には算入しない。
・選択の欄に表記してある①は、選択必修科目である。
・授業科目の欄に表記してある☆は、自由選択科目である。

● 3-3. 学際的講座（総合科目）●

　近年多くの大学で設けられている総合科目について紹介します。総合科目とは、1人の講師が1年間ずっと1人で受け持ち、自分の専門についてとうとうと語るのではなく、何人ものゲストスピーカーを招き、企画モノ（？）の講座として展開されるものです。

　この総合科目は、実はどこの大学であっても工夫のしどころで、学生に大きな人気を得ていたりするものです。面接で、その大学、学部の魅力としてこの総合科目を挙げるのは、（本当にそう感じ、突っ込まれても大丈夫ならば）良い視点だと思います。

参考 》》 総合科目例（成蹊大学法学部、経済学部、文学部、工学部共通開講）

※2001年履修要項より。毎年必ず開講されているとは限りません。

総合科目Ⅰ(0)	松下たゑ子 （コーディネータ）	2単位	1年次配当	前期

[授業の概要]
　わたしたちが日々、無意識に、また意識的に使っている言語にいろいろな角度から光をあてて、ことばについて考えます。
次の講師に話して頂きます。
大岡信（詩人）、谷川俊太郎（詩人）、高橋順子（詩人）、暉峻淑子（評論家）、富山妙子（美術家）、長沼節夫（通信社記者）、山家誠一（フリージャーナリスト）、宮淑子（フリージャーナリスト）、松下竹次（医師）

[授業の計画]
　第 1回　4/13　松下たゑ子　「はじめに」
　第 2回　4/20　大岡信　　　「恋文の詩と真実－岡倉天心の場合－」
　第 3回　4/27　富山妙子　　「絵画とことば」
　第 4回　5/11　松下竹次　　「How to break bad news?」
　第 5回　5/18　宮淑子　　　「メディア言語を検証する」
　第 6回　5/25　谷川俊太郎　「詩と日本語」
　第 7回　6/1　 長沼節夫　　「ことばの独自性と共有性」
　第 8回　6/8　 高橋順子　　「詩歌の楽しみ」
　第 9回　6/15　山家誠一　　「身体の力、ことばの力－身体表現ワークショップの体験から－」
　第10回　6/22　松下たゑ子　「ことばの力とことばの無力」
　第11回　6/29　暉峻淑子　　「教室のことば」
　第12回　7/5　 松下たゑ子　「おわりに」

[授業の形態]
　講義。スライド、ヴィデオ等も使われる。

総合科目Ⅱ	コーディネーター：齋藤洋司 二宮洸三・山中義昭・山内規義	2単位	1年次配当	後期

[授業の概要]
　20世紀は科学技術発展の世紀であった。その成果は現代社会・生活に多大な恩恵をもたらしている。その一方で、地球温暖化、環境汚染など「負」の影響が深刻化しつつあるのも事実である。最近急に進展した情報通信技術も、良くも悪くも我々の生活に今後とも一層大きな影響を与えることが予想される。この科目では、「地球環境問題の深刻化とその克服」、「ネットワーク社会の発展とその及ぼす影響」、「マイクロシステム技術」をトピックスとして取り上げ、最先端技術から社会・環境問題まで、科学技術の及ぼす正負両面の影響を考察する。

[授業の計画]
　地球環境問題の深刻化とその克服（二宮）
　　1. 大気汚染と酸性雨
　　2. オゾン層破壊
　　3. 気候温暖化
　　4. 人災としての環境問題とその克服
　ネットワーク社会の進展とその及ぼす影響（山中）
　　5. コンピュータの誕生からパーソナルコンピュータ（PC）の登場まで
　　6. コンピュータ活用の歴史、PCからインターネットの発展
　　7. ネットワーク社会とは何か？その普及による社会・企業・生活の変化
　　8. ネットワーク社会のメリットと問題点
　マイクロシステム技術（山内）
　　9. 半導体集積回路（LSI）
　　10. 光通信技術
　　11. マイクロマシン技術
　　12. 環境センシング技術

[授業の形態]
　教室における講義。OHPまたPCプロジェクタによるプレゼンテーションを主体とする。

第2章　何ができるのか～短期間編

　以上、大学のパンフレットや履修要項の中にある講義一覧などを見てみましたが、これらが大学のパンフレットに明確に掲載されていない場合は、シラバス（大学に入学してから学生たちが講座登録のために見る、講義ラインナップとその紹介）などを手に入れ、掘り下げることも必要です。面接対策とは、大学に入って結局何を学びたいか、アピールする場であるということを忘れないで下さい。

まとめ　集めた情報を、大学のパンフレットの中の、学部・学科の専門科目の講義・ゼミと接続する。

注意すべきポイントは？

ミスマッチに注意

　では、最後に気をつけるべき点を述べておきます。まず第一に、気づかずにやってしまう**志望のミスマッチ**です。

　たとえば、心理学科といえば、現代の受験生にとって「憧れの的（まと）」のような学科ですが、近年この心理学科は社会的な必要性の高まりを受けて、ずいぶん新設されるようになりました。新設される多くの心理学科は実験（データ分析などが中心で理系に近い）よりも、臨床（りんしょう）（カウンセリングをイメージして下さい）中心で、カウンセラーの養成をメインにしています。

　しかし、いくら臨床中心といっても限度があります。心理学科はさまざまな講義から成り立っており、そこにはやはり実験系の講義があったり、社会心理学（なぜ人は行列に並びたがるのか、といった心理的側面からの分析をテーマとする）の講義があったりします。

　そして、ここで問題が生じるのです。たとえば、ある受験生が、社会心理学が面白そうだと感じ、社会心理学の分野でのテーマ、「集団ヒステリーのメカニズム」に関心を持ったとします。

　確かに、大学の講義のラインナップに社会心理学の講義があり、スタッフもいたりします。しかし、臨床を強く押している（カウンセラーの養成をする）大学で、1人「社会心理学の集団ヒステリーのメカニズムについて学びたい」と言うのは、個性を通り越して、ミスマッチとなってしまいます。**本格的に学ぶためには、最低限、スタッフがいて、ゼミがあって、という状況が必要**で、単に講義一つでこれが学べると飛びつくのは慎重にした方がよいでしょう。いくら社会心理学への情熱を訴えても、臨床重視の心理学科では、「社会心理学なら違う大学に行くべきなのに…」という面接官の複雑な反応を引き出しかねません。この点はぜひ気をつけたいところです。

知ったかぶりに注意

　第二に、ちょっと調べるとつい強気になってしまうのが人間の常ですが、**「知ったかぶり」の発言をしてしまう**ということです。

　特に、面接となると「〇〇という点に対する情熱は誰にも負けません!!」と空疎(くうそ)な大声を張り上げてアピールして、愚かさをさらけ出してしまうことは少なくありません。面接で「良いと思われること」を答えると、面接官は必ずさらなる「突っ込み」を入れてきます。そして、そこで上手く対応できないと、逆に非常に印象が悪くなってしまうものです。中途半端にしか調べていないことが発覚すると、その場でねちねちといじめられてしまったりもします。

　中途半端な知識を中途半端でないとごまかそうとすると失敗します。また、自分では「良いこと」のつもりで「情熱」「絶対」「誰にも負けない」などの言葉を使っても、そこに中身がなければ逆に面接官をしらけさせてしまいます。これらの言葉は、自分で言うべきことではなく、周囲の人が判断して抱かれる印象です。専門科目について、自分の取り組みたいテーマや情熱的な思いなどを言ってはいけない、ということではありませんが、そこに中身がないと逆効果になってしまうので気をつけるべきです。

まとめ　ミスマッチ、知ったかぶり、空疎な情熱的発言には注意。

　以上で、短期間でできることの解説は終わりです。最低限これだけは、ということを述べてきました。自分の中でこれらのアドバイスがある程度形になったら、第5章「面接試験実例集」をじっくり読み直して下さい。そこに登場する受験生たちが実によく調べていること、そしてその行為の底に**「調べたい」という意欲**があることに気がつくでしょう。何気(なにげ)なく読んでいて、「ああ、いい答えだなー」

と思えるものには、じっくり自分のことについて考え、じっくり大学や学部のことについて考えた痕跡が必ず感じられるものです。

「面接試験実例集」はリアルさを優先したので、良い返答をする受験生ばかりで構成されているわけではありません。ですから、全てを参考にするのは考えものです。しかし、「その人が何をやりたがっているか」という観点から読み直してみると、良い例と悪い例が比較的はっきり判断できるようになっています。そして、その判断は最初に何も考えずに読んだときの印象とそんなに変わるものではないはずです（つまり、すごい人はすごいということ）。

本章では、**何を語るべきか、何をどう調べるか**ということについて解説してきましたが、とにかく**自分が**「**面白い**」「**取り組んでみたい**」**と思えるものを探すこと**、これがまず一番大切で、**それを上手く大学の講義・ゼミに接続すること**が面接対策といえます。それを発見することができたならば、それこそまさに、本書で何度も繰り返してきた「語るべき実質」だということができます。

面接試験＝競争という状況におかれたら、何とか自分の良いところを示したいと考えます。そしてそのとき、本当に頼りになるのが自分自身の内面です。こういうことに取り組みたいから大学で学ぶんだ、というのは十分に説得力があります。逆に面接があることを気に病み、想定問答集を必死に暗記するのでは、想定外のことを聞かれた段階で語るべきことを失い、うろたえるだけだといえます。

つまらない暗記よりも、ここまで解説してきた数々のアドバイスを生かし、堂々としたプレゼンテーションを展開してほしいものです。その力とは、まさに一生ものの「実質的な力」だと思います。

まとめ
・面接対策の一番のポイントは「自分を探す」ことにある。
・一度決めた自分の意志や判断をとても大切にすること。

第3章

何ができるのか
～長期間編

一口に面接対策と言っても、その奥底は限りなく、第3章で解説されるさまざまな対策もすでに多くの受験生が行っている「実例」です。大学入試はどんな形態であれ、早期対策が大きな成功を約束してくれるものですが、公募制推薦・AO入試では特にその側面が強調されます。早い段階から人と違ったことをやり、自分を存分に表現することが大切で、そこにはもう1人の自分との深い出会いがあるのです。

さらに差をつけるには？

　もし、試験までまだ数ヶ月を残して本書を読んでいるならば、さらに多くのことができます。それは、単に自分のやりたいことを探すだけでなく、**自分の取り組みたいテーマの未来像を描いたり、ボランティアに出かけたり、あるいは頼まれもしないのに自主的にレポートを書いて出願の際に添付したり**（規則違反を責められるどころか、歓迎されたりします）と、自分の意欲を強くアピールする時間的余裕があるということです。

　直前になってバタバタとあわただしく面接対策を進める人が多いのですが（ある意味、仕方ない）、そういった場合、どうしても中途半端な段階で時間切れになってしまったり、やっと何かをつかみかけたときに試験日がやってきたりします。当然、試験が終わっても自分のやりたいことをはっきりさせるということは実行しておいた方がよいのですが、それでも試験の前に十分な準備が完了しているに越したことはありません。

　本から得た知識だけでなく、それを踏まえた上で現場に出かけたり、専門家にインタビューをしたりした人は、**さらに強い説得力**を持って面接試験の会場に足を運ぶことができます。

　これはまさに、早い段階から面接対策に取り組んだ人への「ごほうび」であり、公募制推薦・AO入試ならば、ずいぶん差のつくところだといえます（当然、就職試験でも同じことがいえます）。

　そこで以下では、面接対策に貢献する発展的なアプローチ、さまざまな取り組みを紹介していくことにします。自分の今おかれている状況によってできることとできないことがあるでしょうが、もし今すぐにでもできることならどんどん積極的に動いていきましょう。

1. 現場を見る

　押しかけボランティアでもいいですから、自分の志望する学部・学科に関連する現場（国文学科志望者にはありませんが、医療や福祉を志す人にはあります）に足を運んでみましょう。掃除の手伝いやちょっとしたヘルプとして入っても、十分に現場の空気に触れることができます。そして、そこで働くプロの人たちとちょっとでも交流するとわかるのは、さまざまな現場は決してパラダイスではないということです。

　たとえば、面接のときに福祉のすばらしさをいくら訴えても、それが極端な体験でない限り、あまり面接官の胸に響きません。むしろ**現場の中で見たり、聞いたりしたマイナスポイントを、こんなところが今の福祉の問題点である、というように具体的に述べるべき**です。

　「子供が好きだから、保育士になります。私には、人にはない粘り強い性格と、一度決めたらやり遂げるという、強い意志があります」

　という発言と、

　「保育士のみなさんは今、母親との関係で悩んでいる人が多く、それを聞いたときには、私も保育士を選んでいいのか心底迷いました。でも、ボランティアで通った保育園の子供たちと触れ合ううちに、やっぱり自分は子供が好きで、保育を通じて多くの家庭に貢献したいと考えるようになりました」

　という発言で、どちらを保育の専門家候補生として受け入れたいと思いますか。答えは当然、後者です。**マイナス情報を集めた上で、それでもなりたい、というのは最高の説得力**です。

> **まとめ**
> 説得力のカギは、マイナス情報を踏まえ、それを乗り越えた上での志望意欲。このマイナス情報は、現場に行って生の声を聞かないとなかなか手に入らない。

2. ボランティア

　ボランティアについては注意が必要です。それは、**最低でも受験の3ヶ月以上前から継続してやっているボランティアでなければ、意味や価値がない**ということです。

　たとえば、東京では毎年、公募制推薦の時期に歩調(ほちょう)を合わせるかのように（実際、偶然の一致なのですが）、障害者と共にハイキングをするというイベントが都の主催で行われています。そして、このイベントに推薦入試のための「駆けこみボランティア」で参加する高校生が少なからず存在していて、ある意味、失笑(しっしょう)を買う存在となっています。

　受験のためにボランティアをする、というのが計算高い行為だからダメだということもありますが、「駆けこみボランティア」の最大の欠点は、面接の際にそれをアピールした瞬間、**どうして最近までボランティアをやっていなかったのか**、と逆に質問されてしまうからです。これは返答のしようがありません。「駆けこみボランティア」とはある意味、「私は推薦入試の一時しのぎのためにボランティアをしました」と宣言するようなもので、それは残念ながら必ず見抜かれてしまい、逆に印象が悪くなってしまいます。

　実際、高校生のボランティア意欲は高く、やっている人はずっと一貫して3年間やっていたりします。そんなライバルがいるときに、変にお茶を濁すようなことをするより、「**ボランティアはやっていなかったけれど、こんな活動をしました**」「今まではクラブをやっていて機会がなかったのですが、**大学入学後には積極的に取り組んでみたいと思っています**」とアピールする方が好感を持たれます。

まとめ

高校生のボランティア人口は高く、表面的な「駆けこみボランティア」ならば、かえってやらない方がよい。

3．専門家へのインタビュー

　専門家へのインタビューはなかなか面白いものがあります。ここで取り上げるのは極端な例ですが、以前、どうしてもスポーツトレーナーになりたいと考えたある受験生が、自分の学校の体育の先生の「友達の知り合いの友達」という遠いつながりを駆使して、実際にプロ野球選手のトレーナーをやっている人に会い、話を聞いたという事例に出くわしたことがあります。

　専門家に会って話を聞こうと考えたのは、そうするように誰かにアドバイスされたわけではなく、自分の夢にリアリティーがあるのか、そして、どうしてもトレーナーになりたい自分にとって進学をどのように考えるべきか、という疑問にぶつかった末に、悩んで悩んで行き着いた一つの結論でした。

　多くの人に相談して、多くの人の手を煩わせ、苦労してコンタクトを取り、実際に会って聞くことができた話は、プロとしての苦労、どうしたらプロスポーツ選手のトレーナーになれるのか、という極めて具体的なものでした。

　あくまでこれは極端な例ですが、知り合いのつてをたぐり寄せたり、専門家に手紙を書いたり（ホームページなどを持っていればメールを出してみたり）と、さまざまなチャンネルを駆使してアクセスすることは大変有意義な体験をもたらしてくれます。当たり前のことですが、**何事も積極的に取り組んだ人には、相応のリターンがある**ということです。

　この受験生はその後、倍率の高い公募制推薦入試に合格しました。面接では、単にここで示した体験をとつとつと語っただけです。このエピソードは、**面接に関わるテクニックなど存在しない**、という格好の例だといえます。これを踏まえて、以下では、専門家との出会いを提供してくれるさまざまなチャンネルを紹介しましょう。

第3章　何ができるのか〜長期間編

● 3−1. 学校の先生 ●

国文科卒の国語の先生、英文科卒の英語の先生、養護教諭…誰もが1人の専門家です。学校の先生にいろいろ聞いて回るというのは、面接対策の第一歩といえます。

● 3−2. 大学説明会・オープンキャンパス ●

個別相談会などで、大学の教員がずらっと並ぶ場合があります。このときは最大のチャンスで、何かテーマとしたいことがあるならば、単なる入試対策としてではなく、専門家の言葉に耳を傾ける良い機会だと思ってどんどん質問を投げかけるべきです。見逃せないヒントを提供してくれます。

遠隔地の大学を志望する場合は、参加がなかなか難しいですが、地方説明会などで逆に大学が地元に来た場合は、ぜひ足を運んだ方がよいでしょう。

● 3−3. 大学の学園祭 ●

大学の学園祭では、大学側が、受験生と大学の教員とが触れ合うことのできる場を提供してくれたりすることがあります。こういった、お祭り気分のときには、大学の教員もちょっと口を滑らせて、
「今年の推薦入試の小論文は、環境問題に気をつけた方がいいよ」などと、スレスレというか、すでに限界線を越えたアドバイスをくれたりします（そして、本当に環境問題が出題されたりします）。

オープンキャンパスとは一風違った雰囲気ですが、学生の実態なども見ることができますし、たとえ単に学園祭を見物するというだけでも見に行く価値があるといえます。

● 3－4．大学の公開講座 ●

　電車の広告などで見かけることが多いのですが、一般の人向けに大学が公開講座を開催するケースが増えています。専門科目のある部分を、わかりやすく一般向けにアレンジして提供される講座だと考えるとよいでしょう。

　もちろんこれはまだ数少ない例ですが、自分が公募制推薦で受ける大学の面白そうな公開講座に申し込む、機転のきいた受験生は確かに存在しています。公開講座で教授と言葉を交わし、自分のやりたいことについて比較的じっくり話し…という体験が何をもたらすのか考えてみるべきです。周囲をよく見て、チャンスを逃さない、思慮深い受験生はどこにでもいるものです。

● 3－5．インターネット ●

　インターネットでの情報収集は、個人間になればなるほど警戒が必要です。インターネットの世界は匿名性を特徴としているので、一面でいい加減な情報が流れがちです。全面的に利用しないというのは損ですが、専門家とのコンタクトというレベルであまり過度な期待をかけるのはどうかとも思います（からかわれたり、時には嘘や誇大な情報が流れたりします）。

　大学の情報を収集したりするときには、インターネットは強力な武器になりますが、これが個人間の情報のやりとりになると慎重にならざるをえないというのが現状だと思います。インターネットの世界は、今後ますます拡大していくことが予想されていますが、その分情報の取捨選択の能力については強く問われる時代がくると考えてよいでしょう（全て真に受けるとひどい目に遭う）。その意味においても、インターネットを介した情報との距離の取り方は非常に大切なものといえます。

● 3−6．プロの作品 ●

　芸術系や建築などの分野では、鑑賞歴が大きな力となります。
　映画学科を志望するから映画をたくさん見る、マンガ学科（本当にある）を志望するからマンガをたくさん読む、あるいは建築学科を志望するから近隣にある有名建築家の作品を見に行く、といった行動は、面接対策どころか、人生において大きな収穫をもたらしてくれます。実際の作品に触れておくというのは、当然のことながら大切なことです。

まとめ

・身近なところにも専門家へ通じる道は存在し、面接対策とはそういった人たちに自分から進んで話を聞きに行くことをも指す。自分の部屋でうじうじ悩んでいたり、空想にひたっているようではダメ。たくさんの人の意見を聞き、自分の気持ちにピタッと合うものを探していくという発想は、読書だけでなく、インタビューでも同様。「プロに会う」という観点から、いろいろな人に働きかけるとよい。
・大学の提供する情報やイベントには積極的に対応する。逆に、手触りのないインターネットなどの情報は距離の取り方に気をつける。
・「人」だけでなく、「作品」にも具体的に接する。

4．志望する世界の現状と未来像をまとめる

　自分のやりたいテーマを探すだけではなく、自分の就きたい仕事、進みたい専門領域の現在の姿と将来像をまとめてみると、面接試験で高い評価が得られます。具体的なポイントは以下のような点です。

ここがポイント → プレゼンテーション能力を向上させる8つの問い

❺その学科やテーマの現状

→過去にどのような考え方、学説、流行があったか、そして今は、どのような考え方、学説が主流か。

❻その専門領域の未来像

→専門家はその分野の将来をどう見ているか（複数の意見に接し、否定的な意見でも積極的に取り入れる）。

❼自分の未来像

→後で変わってもよい。自分をごまかさず、現時点で精一杯のことを言う。10年後はどうなっていたいかを考える。

❽斬新な取り組みや信頼できるプロの紹介

→どんどん積極的に行動してほしいところ。特に、斬新な取り組みなどは、いずれの分野でも必ずあるもので、それを探し、レポートするつもりでまとめるとよい。これに自分なりに答えることができれば、もう何も問題ないといえる。

→この段階ですでに起こっていることは、非常に細分化された大学の専門分野の一つを支えるマニアと、そのマニアックな世界に入りたいと宣言しているマニア候補生が出会ったということ（＝マニアとマニアの出会い）。

まとめ
・10年後の自分の理想像を思い浮かべること。
・マニアックな出会いを大切にすること。

面接対策として、時間がなくてもするべきことは、自分が一体、大学で何をやろうとしているのか、はっきりさせることでした。そして、そこから数えて試験日までにまだ時間があるならば、続いて**専門家にどんどんアドバイスをもらい、マニアックな世界にできるだけ接近する**べきです。ここまで数々のアドバイスをしてきましたが、言いたいことを短くまとめれば、「**本を読み、情報を集め、人に会え**」ということです。この中で育まれる積極性は、面接会場での無用な緊張を解きほぐしてくれるものです。

第4章

直前期から試験本番まで

「攻めの面接」の方法論は、極度の緊張を追放し、面接官の好奇心をくすぐります。上手くいけば、面接会場で笑いが起こり、時間が延長され、そこが試験の場であることすら忘れるほど盛り上がります。ここには、常識にしばられたつまらない対策ではなく、自分の気持ちをそのまま伝え、時の流れを一気に押し流す、真の自己表現のあり方があります。

直前期…やるべきことは何か？

1. 新聞を読む

「最近気になった新聞記事は何ですか」というのは定番の質問です。このときの心構えとしては、第一に、できれば自分の志望する学部・学科関連の話題を出すこと、第二に、大きな事件があったときには、無理にひねらず、また自分の志望学科についても横において、素直にそれについて語るということ、以上です。

さて、読む上で気をつけなければならないのは、その話題（記事）を好きで読んでいるという姿勢を持ちうるかということです。無理に読もうとしたり、義務感で読んでいる場合は、飽きて投げ出したくなったり、頭に入らなかったりします。「新聞を読まなければ」と考えることで、逆にそれがプレッシャーとなって3日坊主の原因にもなったりします。新聞を読まなければ、新聞を読まなければ…と、半分病気のように考えこむのは明らかに体と心に良いものではありません。故に、以下のようなルールで新聞記事を「収集」して下さい。

ここがポイント

❶ 朝刊、夕刊を両方とも用意する。
　→全国紙『朝日新聞』『読売新聞』『毎日新聞』が望ましい。この三紙からの出題は多く、面接官＝大学教授の購読率が高い。地方紙も悪くはないが、地方に密着した記事が多く、使える記事が限られる。

❷ 志望大学、学部・学科と関連する記事を「見出し」から判断し、記事の傍らにチェックマークを記す。
　→記事が難しくて理解できなくても、「見出し」で判断し、とりあえずチェックする。

❸ 新聞の日付を入れる形で、その記事を含むページ全体を切り離し、保管する。

→その際、必ずしも記事自体を読む必要はない。保管することが重要。また、きれいに切り取ったり、ノートや台紙に貼りつけたりしない。後で内容別に分類するとき、作業が面倒になる。この作業を「ファイル化」と呼ぶ。

❹昨日起こった事件の事実報道はファイル化しなくてもよい。
→特に政治、経済については関連記事が膨大になるので、事実関係のみ報道している場合はファイル化しなくてもよい。

❺過去に起こった事件や事故の学部・学科関連の分析記事、解説記事に注目する。

❻学部・学科関連の署名記事は、特に注目する。
→署名記事とは、筆者の名前が明示されている記事のこと。

❼学部・学科関連の専門家のインタビューは、特に注目する。

❽学部・学科関連の新しい試み、実験的な試みもチェックする。

❾ファイル化された記事を読み、内容・テーマ別に分けていく。
→理解できない記事でも、「見出し」から話題を推測し、分類できる場合が多い。

❿全く内容がわからず、どのテーマに属するのかもわからない場合は、無理に理解しようとせずに、「理解不能」というジャンルを設け、機械的に割り振っていく。

⓫テーマ別に分類した記事を改めて読み、内容の理解に努める。

⓬テーマ別の分類、理解の中で特に興味を持ったもの、面白かったもの、思いを新たにしたものについては非常に重視する。
→それが具体的であればあるほど、「個性」につながる。

⓭ファイル化は、できる限り試験当日の朝刊まで続ける。
→「最近の」ではなく「今朝の」新聞で気になった記事は何か、というのもよくある質問。読んでいないときは正直にそう答えるしかないが、試験当日の新聞を読んでいないのはやはり問題。朝刊には必ず目を通し、印象に残った記事については繰り返し読んでおくこと。

新聞の記事をある程度「収集」したら、その時点で初めて、改めて記事を読み直して下さい。難しかったらパス、つまらなかったらパス…とどんどんパスし、「高速」で次々と読み飛ばしていくのがコツです。

　しかし、このとき不思議なことが起こります。読まなくていい、読み飛ばせばいい、と割り切って読んでいても、ついつい手が止まって読んでしまいたくなる記事があるはずです。それが発見できたら、もうこっちのものです。おそらく、その記事は、みなさんそれぞれの内面にある「個性」が外に現れ出た瞬間の記録だからです。これが自分の志望とつながっていれば最高です。

　新聞は、雑多(ざった)な知識の「収集」のためにはとても役立つものなので、ぜひ毎日、（読まなくても）めくるということは続けて下さい。毎日、新聞をめくり続けていれば、必ず何かを見つけることができます。

まとめ

- 新聞は役に立つが、無理に読もうとすると飽きてしまう。新聞と上手につき合うコツは、真剣に読む前に、真剣に読むべき記事のジャンルを見つけること。そのためには読むよりめくる、流し読み、そして気になった記事の保管、これらが大切である。
- 学部・学科関連の記事はチェック。しかし、面白くないと感じた場合、無理につき合う必要はない。ただし、自分の選んだ学部・学科、テーマと関連する場合は、最低限保管をしておく。試験の直前に、とても役に立つ資料集になっている。
- 試験当日の新聞は必ず、きちんと読んでおく。

2．事前提出書類のコピー、見直し

面接では、事前に提出した志望理由書や小論文について問われることが多いので、何を書いたのか、後で見直すことができるようにコピーしておくことを忘れずに。面接の際に、事前に書いたものと矛盾（むじゅん）があっては大変です。**自分の発言の一貫（いっかん）性**については常に気をつけるようにして下さい。

3．模範回答の暗記はしない

ここまでにも繰り返し述べてきましたが、想定問答集の暗記はかえって逆効果です。理由は、こなれていない印象を与えるということ、忘れやすいということ、良い回答をして突っ込まれた場合、それに対応できないということ、そして、そもそも問われそうなこと全てに回答を用意しておくなどとても無理だということです。**わからないことは「わからない」と言う勇気を持つことも大切です。**

4．行き帰りも見られている

大学の門をくぐり、試験がはじまり、終了し、大学の門を出るところまで見られている、というのは常識です。しかし、それだけでなく、当日の朝、大学の最寄駅で電車を降りたときから、試験終了後、再び電車に乗って帰宅するところまで見られている、と考えておいた方がよいでしょう。控え室での待ち時間はもちろんですが、同様に、**大学の近くでマナー違反を犯すことは避けるべきです。**

まとめ

・事前提出書類はコピーしておき、直前に目を通すこと。
・失敗を恐れないこと。
・常に、見られている、という緊張感を失わないようにすること。

試験本番…面接官の心をつかむには？

1．笑い

　面接の現場報告によると、その多くにおいて面接官は親切です。とにかく受験生をリラックスさせ、普段の姿を引き出させようとします。ならば逆に、次のように考えるべきです。

　面接官は決して真面目さや模範的な回答を求めているのではなく、面接していて面白い、興味深い、心地よい、という雰囲気を求めているのではないか、と。

　こう考えると、第5章「面接試験実例集」に頻繁（ひんぱん）に述べられる、「談笑」「笑い」「リラックス」という雰囲気の良さそのものが大切であることがわかります。実際、面接官を笑わせる、笑顔にさせると合格率が高い（確固たるデータがあるわけではありませんが）ということはいえるのではないかと思います。

2．時間延長

　面接の最高の状況は、マニアとマニアが今ここで出会ったという喜びが双方に得られた瞬間です。どうしてこの大学に入りたいと思ったのか、そんな単純な問いでも、きちんと自分の内面を考え、情報探索した人にとっては、マニアの世界へと話題を引きずりこむ良いきっかけとできるものです。

　その意味で、やはり面接とは時間延長になってこそといえます。すなわち、面接時間が10分と設定されているとしても、合格者はそれが15分にも、30分にもなるものなのです。話が弾（はず）むのは、まさにマニアとマニアの出会いがそこにあるからに他なりません。

3．心を落ち着ける

　無理に緊張を解こうとしてはいけません。緊張は緊張として受け

入れるべきです。たとえば、緊張して話に失敗したとします。聞かれたことに対して混乱してしまって、自分では思ってもみなかったことを言うはめになったりするのは、珍しいことではありません。そんなとき、人はパニック状態になって、さらなるひどい混乱の渦の中に放り出されてしまうものです。こんなとき、どうしたらよいのでしょう。

　答えは簡単です。混乱してわけがわからなくなった段階で、

「今、私は緊張してわけのわからないことを言っています」または

「最初から話し直したいので、考える時間を1分下さい」と言ってみるのです。集団面接でも何でも、変な答えを残してくるよりはそっちの方がずいぶんましです。あるいは逆に、柔軟性という点で評価してくれるかもしれません。そんな発言の後に面接官から笑みがこぼれたら、これまたしめたものです。

　場の緊張がほぐれると同時に、自分の緊張もほぐれるものです。ペーパーテストではないのだから、失敗を恐れるのではなく、失敗をしたらそれをも自分の味方にして乗り越えるたくましさがほしいところです。面接試験の良いところは、このように**「失敗をしても受験生の意志でそれを取り返すことができる」**という点です。この良い点を活かさないまま後悔して帰るというのは、せっかくのチャンスをふいにしているといえます。

4．知らないことを聞かれたら

　良い返答をすればするほど突っ込まれます。そして一つの問いが発展的に深まっていけば、いつかどこかで専門的になりすぎて答えられない問いにまで深化していきます。

　もちろん、そんなときにはニコッと笑って**「わかりません」**と言**う勇気**が大切です。最初から何でもかんでも「わかりません」では話になりませんが、話題が深まっていけば深まっていくほど、結局「わかりません」の地点にたどり着いてしまうものです。

さんざん話が進展した上で、

「**ああ、その視点は持っていませんでした。新鮮です。勉強になります**」と言ってのければ、それが悪い印象になるはずもありません。18歳の現実の中で組み立ててきた小さなマニアの言葉は、いつか限界がくるもので、問題なのは見栄や虚栄心からその限界に対して目をそらし、見ないようにすることです。

何でもかんでも答えればいい、というものではありません。大切なのは率直さで、それを失っているときというのは、自信のなさの現れで、単に準備不足の状況だといえるかもしれません。

また、答えられない質問ばかりされたり、つまらない質問が連発されたら、「**もっと○○ということを聞いて下さい**」とか「**志望理由についてこれだけは言っておきたいことがあります**」などとアピールすることも大切です。でしゃばり過ぎはよくありませんが、**自分の力を出し切る**ということを第一に考えるべきです。

まとめ

面接では、知らないうちに時間が延長され、笑いが巻き起こるような雰囲気と、わからないことはわからないと言ってのける大胆さが大切。求められているのは、高校入試の面接のときとは180度違うもの、たとえば専門領域の適性、個性、柔軟性、自己主張である。

第5章

面接試験実例集

どんなことを聞かれるのか、どんな受け答えができるのかという視点と共に、大胆な受験生の物言い、その後の感想、アドバイスにも注目して下さい。全てを読み終えたとき、感心できる発言の背後に多くの先輩たちの勇敢な気持ちがあることに気づくはずです。あくまで堂々と、そしてユーモアと情熱を。この言葉を隠されたスローガンとして持つ、勇敢な先輩たちの残した足跡をじっくりたどって下さい。

面接の形式

面接の形式には多くのバリエーションがあります。それぞれ心構えが違ってくるので、自分の受験大学が決まったら、どのような形式で面接が行われるのかリサーチする必要があります。以下では、そのバリエーションを紹介します。

1. 個人面接①（面接官1人×受験生1人）

机の配置例

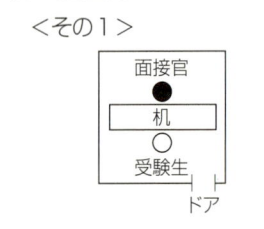

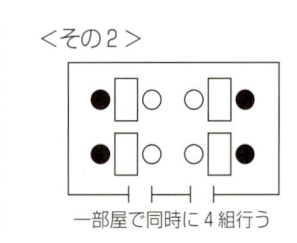

＜その1＞

```
   面接官
    ●
  ┌─机─┐
    ○
   受験生
        ドア
```

＜その2＞

一部屋で同時に4組行う

Comment　面接官に合わせて柔軟に対応できる心の準備を

この形式のように、面接官1人の判断に任せるというのは、人を評価するという点で問題が生じやすくなってしまいます。人にはどうしても独自の好みや価値観があるもので、その点で、この形式には良い人材（受験生）を取り逃がしてしまう危険性があります。

ですので、面接の形式が1対1になるというケースはあまり見られません。逆に、大学の入試説明会や資料、先輩からの助言などで1対1の面接がなされることが仮にわかっている場合は、自分のやりたいことをアピールする姿勢と同時に、**面接官に合わせて柔軟に対応できるような心の準備**をしておいた方がよいでしょう。

ただし、面接官側のリスク（良い人材を見逃してしまう可能性）があるこの形式には大学側の面接軽視の姿勢がうかがえるといえます。

参考 >> 控え室あれこれ①

＜その1＞

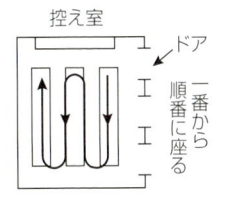

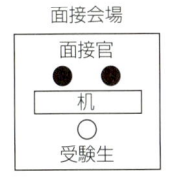

控え室／面接会場（面接官・机・受験生）
ドア／一番から順番に座る

＜その2＞

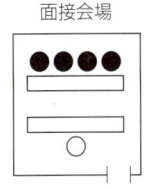

控え室／面接会場

＜その3＞

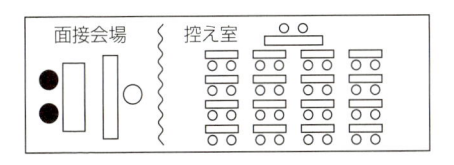

面接会場／控え室

　控え室では、事前に提出した志望理由書のコピーの内容を確認したり、学部・学科関連の、図書館や書店で見つけた愛読書や新聞のファイルを静かに読んでいるとよいでしょう。また、自分で作成した「答えられなかった質問シート」「Good Answersシート」をもう一度見直しておくというのも良いアイデアです。

2. 個人面接② (面接官複数×受験生1人)

机の配置例

<その1>

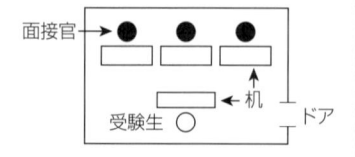

面接官 ●●●
受験生 ○ ←机
ドア

<その2>

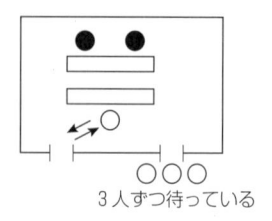

3人ずつ待っている

<その3>

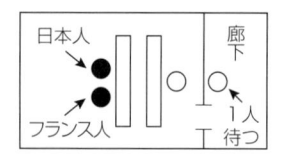

日本人 ●
フランス人 ●
廊下
1人待つ

<その4>

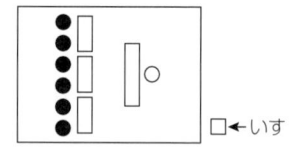

□←いす

<その5>

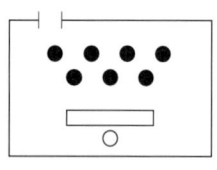

広い合唱ホールにて

<その6>

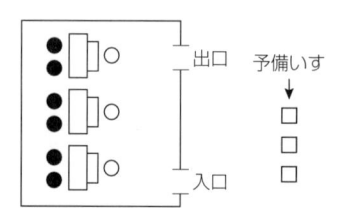

出口
入口
予備いす

Comment 面接官の誰か1人に気に入られればよい

　これが最も一般的な形式です。多くの場合、「メインとサブ」「センターと右、左」のように役割（センターに座る面接官が質問をビシバシと発し、右側が生活についての軽い質問をし、左側がやや意地悪なことを聞く、というような役割分担）が決まっていて、面接が進められる場合が多いといえます。

　これら面接官の誰か1人の印象に残ればしめたものですが、一方で誰か1人に嫌われると終わりという厳しい側面も持っています。また、面接される側が1人きりで面接官が複数となると、それだけでかなりの圧迫感があり、異常に緊張して、自分を表現することができないという例もよく耳にします。センターの人ばかりが質問を発し、脇の2人がぶすっと黙っているのを見るのは、結構不気味なものです。「果たして自分は受け入れられているだろうか、何か文句でもあるのだろうか」と考え過ぎてしまうと、大切な面接自体が崩壊してしまいます。

　ですから、複数対1人の面接の場合、ぶすっと不機嫌そうに黙っている面接官や、終始一貫して黙っている面接官は、最初からそこにいないものと思って無視して下さい。**面接が盛り上がるためには、誰か1人と意志疎通ができればよく、それは目の前にいる誰であっても構わないのです。**全員に嫌われないようにと考えると、つい保守的でおとなしくなってしまいますが、逆に誰か1人に気に入られればよいと考えるなら、ずいぶん気が楽です。また、受験生と面接官の誰か1人とが盛り上がってくると、自然と他の面接官も話の輪の中に入ってくるものです。

　プレッシャーあり、緊張感ありで、1対1の面接に比べるとかなり疲れるものですが、本書で勧めている事前の準備やトレーニングの効果がはっきりと現れる形式であるともいえます。

3. 集団面接①（面接官複数×受験生複数）

机の配置例

＜その1＞

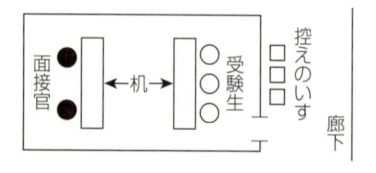

＜その2＞

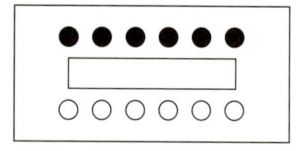

＜その3＞

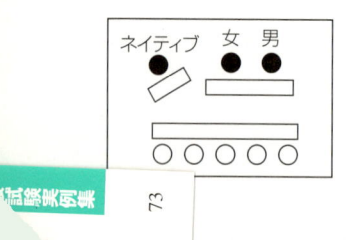

Comment 自分の関心の方向へと話を引き寄せてしまう

　この、複数対複数の面接は要注意です。この形式には多くの場合、たくさんの人数を一度に「処理」したいという大学側の欲望があり、あまり細かく人物像を探ってくれることが期待できない可能性が高いからです。また、集団の中に良くも悪くも強烈な個性を持つ受験生がいれば、どうしてもその人に話題や関心が集中してしまい、「自分はパッと見、地味かもしれない」というタイプの人は不利になりやすくもあります。

　しっかり準備し、あれこれ対策をしてきても、結局、性格的に押しが強くないと持ち味が表現できない、という難しさがこの形式にはあり、正直なところ、試験の方法としてはどうかとも思います。面接対策という点では、最も困難でやっかいな形であるといえます。

　しかし、そうは言っても集団の中で自分が目立たなくなってしまうのは避けなければなりません。誰か別の受験生に関心が集中して、自分には全く話がふられず、ただ時間ばかりが過ぎていく、そんな雰囲気を察知したら、**「一言よろしいですか」とタイミングよく話の中に割って入る必要があります**。そのときに、**目の前で展開している話題について、自分独自の観点から印象や感想を述べ、自分の関心の方向へと話を引き寄せてしまいましょう**。

　たとえば、面接官と受験生の1人が「学生の学力低下」について話の花を咲かせているとき、「一言よろしいですか」と断った上で、「現代の家庭教育、ひいては幼児虐待の点からも考えるべきではないですか」などと話のステージを変えるよう誘導し、実際に変えてしまうのです。新しい話題の提供を試みると、面接官は必ず話をふった人に「突っ込んでくる」ので、後はそこで自分の言いたいことを述べればいいのです。この形式も、事前の予行演習がかなり有効なので、先生や友達と協力して練習をした方がよいでしょう。

4．集団面接②（集団討論）

机の配置例

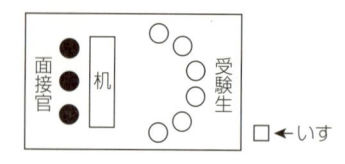

```
面接官  机  受験生
              □←いす
```

Comment 幅広い知識と判断力、度胸が必要

　これはさまざまに対策が論じられることが多い形式ですが、逆にそれがこの形式の難しさを表してもいます。というのも、あるテーマについて論じさせられるとき、面接される側の一番の問題は、自分の全く知らないことが問われたらどうすべきか、というところにあり、この点が受験生の急所を実に見事に突いてくるからです。

　非常に大ざっぱな印象ですが、この形式を採用している大学は、多くの場合、勢いがあり、ランクはさておき、やる気のある受験生を上手く吸収し、将来性を感じさせる雰囲気を持っているものです。

　なぜなら、この形式を「駆けこみ」の受験生ばかりが集まるような大学で採用すると、誰も討論に入ってこれず、試験そのものが成り立たなくなってしまうからです。つまり、ちょっと油断すると、誰もその問題について答えられないという状況に陥ってしまうのです。

　このように考えると、**この形式を何年も引き続き採用している大学は、それに耐えうる受験生がコンスタントに集まっているという点で、その将来性は十分「買い」**です。そこには、突然提出されたテーマにそれなりに対応できる人材が集まっているということです。

　逆に言えば、この形式に準備不足でのぞむと、周りの人がテンポ良くしゃべっているのを聞いて終わり、ということになりかねません（実はこういう受験生は意外に多い）。**評定平均がいいから大丈夫、といった「甘え」に足をすくわれるケースが多い形式**といえます。

たとえば、「少年法改正の是非」というテーマで考えてみましょう。試験会場でこのテーマが突然提出されても上手く答えるためには、「今までの少年法のあり方」「改正のポイント」「その長所」「その短所」について**知識を有し、その場で対応できる判断力や度胸が必要**です。単なる思いつきや時代遅れの価値観を並べ立てると、面接官から、というよりも居並ぶライバルたちから、一斉に否定され、不勉強ぶりを指摘されてしまいます（また、それを恐れて黙っていると、面接官が低い評価をつけてくる）。

しかし、問題はこの「少年法改正の是非」だけの知識だけでは十分ではないということです。集団討論のテーマは、ほぼ当日突然言い渡されるもので、つまり予告なしに目の前に現れてきます。それ故、「少年法改正の是非」と共に、たとえば「男女共同参画社会の促進について」「現在の国際援助の問題点」など他の多くのテーマについても同様の対応ができなければなりません。付け焼刃の甘い態度と期待で試験会場に行くと、「大敗」し、がっくりうなだれて帰宅するはめになります。

この形式の対策としては、**自分の関心のあるテーマについて深く掘り下げて考えている**という状況に加え、前で述べたように**新聞を読んでおくことが大切**です。新聞は広く浅く（時には深く）知識を提供してくれます。**さまざまな社会問題について、単なる思いつきではない知識を得る**ために、新聞は欠かせないものだといえます。

また、テレビのニュースショーのドキュメンタリー特集も情報源として役に立ちます。毎日決まったニュースショーを1ヶ月も見れば、たいていの問題についてある程度の知識が得られるものです。テレビはこういった使い方をすれば役に立つものなので、ニュースはつまらない、難しいと言う前に、とりあえず毎日決まった番組を見る、という習慣を身につけるとよいでしょう。

5．その他

　試験会場で、自分の言葉で自分をアピールするという形式は、ほぼ以上のバリエーションで終始しますが、中にはこれらの形式の複合形という場合もあります。集団討論をやってから1対1の面接、複数対複数の面接をやってから複数対1人の面接、などのような形です。

　そのような場合は、非常にていねいに受験生の資質を確認しようとしているので、**一度の失敗**（特に集団討論での失敗）**でがっくりせず、常に挽回のチャンスをうかがって下さい**。形式を変えて何度も語らせるというのは、逆に挽回のチャンスを保証しているという意味でもあるので、最後まで前向きの気持ちを捨ててはならないということにもなります。

　いずれにしろ、面接の形式の違いという本当に些細な点ですが、実にそこに「良い学生を取りたい」「良い大学を作りたい」という大学側の意気込みがうかがえるものなのです。

　このように、面接対策とは、すればするほどその大学の姿勢が見えてくるもので、「はじめに」でも述べたように、みなさんが審査されると同時に、みなさん自身が学校を審査するということにもつながっているのです。

参考 控え室あれこれ②

<その1>

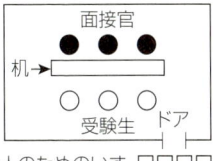

面接会場
- 面接官
- 机
- 受験生
- ドア
- 次の人のためのいす

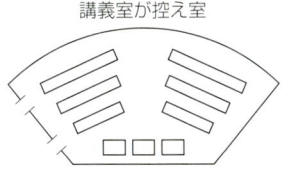

講義室が控え室
- ここで受験番号を呼ばれる

<その2>

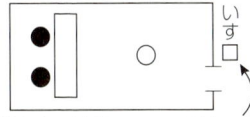

面接会場
- いす

控え室で待機して、2人前の人が終わったら面接会場のドアの横で座って待機する

控え室

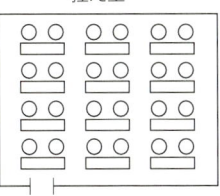

<その3>

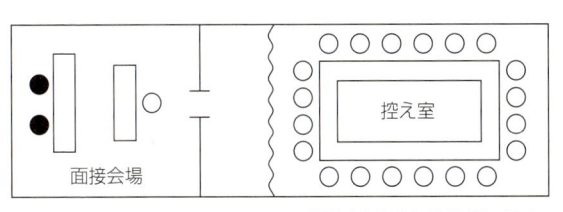

面接会場

控え室

面接20分前に控え室に行く

隣の受験生と仲良くなって、いろいろ情報交換をしたり、ちょっとしたおしゃべりをする時間を持つのも有意義です。もちろん騒ぎ立てれば問題ですが、どんな受験生が隣に座っているか知ることで、意外に冷静になって緊張が解けたりもします。誰だって緊張し、心が沸き立っているのを実感したら、条件はみな同じだということが実感できます。

面接試験実例集〜使用上の注意

　以下は、実際に行われた面接試験の一部始終を、受験生の体験レポートをもとに再現し、掲載したものです。ちぐはぐな会話、意味のつながらない言葉、文法の整っていない文章などは、面接試験での受験生の緊張や臨場感を読みとれるように、そのまま掲載しています。

　（ただし、会話の中に登場する、受験生の氏名・高校名、受験した大学名などについては、○○さん、○○高校、○○大学というように表記しています。それ以外の高校名、大学名などについては、△△高校、□□大学として区別しています。）

　また、この「実例集」は、「本書の使い方」でも述べた通り、巻末付録①「答えられなかった質問シート」と巻末付録②「Good Answers シート」に質問や返答を書きこみながら読むことをお勧めします。

　「答えられなかった質問シート」には、今の自分では答えられないと感じた面接官の質問を、一方「Good Answers シート」には、受験生の返答で感心したものを書きこみます。「答えられなかった質問シート」はなるべく詳しく、「Good Answers シート」は簡単な内容で構いません。

　大切なことは、時を経て、「答えられなかった質問シート」に書き写された質問に答えられるようになっていること、「Good Answers シート」に書きこまれた返答と同じレベルの返答ができるようになっているということです。

参考 掲載大学一覧

フェリス女学院大学　立命館大学　獨協大学　上智大学　信州大学　宇都宮大学　新潟大学　大妻女子大学　関西学院大学　立教大学　同志社大学　青山学院大学　中央大学　東邦大学　北里大学　関東学院大学　金沢工業大学　静岡大学　東京農業大学　立正大学　日本大学　明治薬科大学　筑波大学　金沢大学　群馬大学　山口県立大学　川崎医療福祉大学　静岡県立大学　京都女子大学

実例❶ 文学部　英文学科　推薦

|試験年度| 2002年度　|形態| 公募／併願
|必須評定平均| 特になし　|その他出願条件| 特になし
|学科試験| 無　|小論文・作文| 時間：制限なし　字数：800字
|面接試験| 時間：30～40分
形式：集団①（面接官3人[日本人2人、ネイティブ1人]×受験生5人）

面接官（質問内容）	受験生（質問への回答、面接官の反応など）
1. ディスカッション…母子感染によってエイズになった子供たちのためにタイで孤児院を運営（ボランティア）している女性についてのビデオ（30分程度）を見た。	
Q ビデオを見ての感想は？	A タイでは一年間に30万人もの人々がエイズで亡くなっており決して珍しい病気ではないのに、母子感染した子供たちを学校に入れようとすると拒否され、差別を受けています。大人もしっかりとエイズの正しい知識を持つべきです。
Q 印象に残っている言葉は？	A 名取さん（孤児院を営む女性）は「子供たちと本当の家族のような関係になりたい」と言っていましたが、子供たちは死ぬ前、それまでは本当の家族のことなど口にも出さないのに、「家に帰りたい…」と言います。やはりボランティアには限界があるのかもしれないと感じました。
Q エイズをいつ知りましたか。	A 血友病の高校生が入学を拒否した高校を訴えた事件です。
Q ハンセン病についてどう思いますか。	A （忘れた。以降は、それまでに答えた内容を細かく突っ込まれた。）
Q （自己推薦書から）なぜ児童文学に興味があるのですか。	A 今になって読み返すとさまざまな発見があるからです。こんなメッセージが込められていたのかと気づくこともあります。子供の頃と今とでは同じ本を違った読み方ができ、とてもおもしろいです。（ハリーポッターの名前を出したら苦笑いされた。あまりにもメジャーすぎる本を言うと考えが浅いと思われるかも？）

2. 英語による質問 ⚠

Q どこに住んでいますか。また趣味はありますか。	A 長野県に住んでいます。趣味はヴァイオリン演奏と絵画です。
Q 何年間絵を描いているのですか。	A 15年ぐらいです。
Q 一年間留学するとしたらどこにいきますか。理由は？	A イギリスに行きたいです。イギリスの文化と生活様式に興味があるからです。
Q 私を日本のどこかにつれていってくれるとしたらどこですか。	A ヒロシマです。（それまでの人たちはみんな京都と言っていて面接官も少しうんざりしていたので違うことを言ってみたらとても真剣な目で見られた。）原爆ドームがあるからです。きっとあなたは戦争の真実を知るでしょう。（と言いたかったけど、実際には「あなたは戦争の真実を知りたいです」と言ってしまった。多少のミスを向こうは気にしないと思う。）⚠

先輩から一言 私は、部活も委員会も何もしていませんでした。その上、うちの学校から○○大学に行った人は一人もいません。なので、まあ落ちるだろうなあと思っていました。私が受かった原因は、きっと大学でやりたいゼミを書いたりして熱心にアピールしたからだと思います。自己推薦書や小論文には、なるべく早くとりかかった方がいいと思います。

Comment 英語による質問は落ち着くことが何より大事

　英語による質問は、内容よりも緊張感を拭い去れるかどうかが大切です。普段から、学校の英語の先生と面接対策をしたり、英検の対策を流用することを考えておくべきです。ただし、質問を見たらわかるように、そんなに難しい質問をしているわけではないのでオーバーに騒ぐほどでもないかもしれません。もし聞き取れない質問であったならば、「わからないから、答えられる質問に変えてくれ」と英語で言ってみるのもよいかもしれません。間が合えば、そんな答えはきっと爆笑を誘うことでしょう。

実例❷ 文学部　心理学科　推薦

試験年度 2001年度　形態 一芸一能／専願
必須評定平均 3.2　その他出願条件 特になし
学科試験 無　小論文・作文 時間：80分　字数：800字
面接試験 時間：15分　形式：個人②（面接官2人×受験生1人）

面接官（質問内容）	受験生（質問への回答、面接官の反応など）
Q この大学の志望理由を教えて下さい。	A 将棋が強い大学で、その環境の中でさらに強くなりたいと思ったことと、心理学を1回生の時から専門的に勉強できるカリキュラムに魅力を感じました。
Q 具体的に心理の何を勉強しどう生かしていきたいのですか。	A カウンセリングを中心に勉強したいです。今は高齢化社会であるので精神的にも経済的にも苦しいお年寄りの方々の支えとなれるよう、地域を中心として活動していきたいと思っています。⚠
Q 大学に入っても将棋を続けるのですか。	A はい。ぜひ先輩方のように成績を残したいと思っています。
Q 将棋と、卒論も書かなければいけないのですが両立はできますか。	A はい。将棋を続けたいという気持ちも強いのですが、心理学を勉強したいと強く思って大学を決めたので、将棋だけでなく勉強もしっかりやりたいです。
Q 将棋は個人の種目ですが、部活ではどのようにうまくやってきたのですか。	A はい。確かに勝ち負けにこだわり部の雰囲気が悪くなった時期はありましたが、話し合いをして強くなるためにみんなで研究しあってきました。
Q 資格についてはどのように考えていますか。大学院には進みますか。	A 資格は大切だと思いますが、本当に相手の気持ちを考えてあげることが大切だと考えています。大学院にはぜひ進みたいです。
Q あなたのセールスポイントは何ですか。	A はい。今年は勉強と部活動に加えて生徒会の仕事も担当して、両立できたということもありますが、特に高校の文化祭で係長をやり、新しい企画を取り入れて、大きく評価していただきました。こうして新しいことを作り出すことは好きなことであり、自分の長所だと思います。

| Q はい、お疲れさまでした。これで終わります。 | A ありがとうございました。 |

先輩から一言 とりあえず自分をアピールするためにたくさん話してきました。

Comment 相当の実績がないと難関大では有利になれない

　何か飛びぬけた実績を持っていると有利なのが、推薦・AO入試の特徴です。この受験生は将棋を挙げていますが、上位・難関レベルの大学、かつ人気の学科ですと、どんな分野でも最低全国ベスト16程度の成績は必要です。逆に言えば、人気学科を受ける場合、ごく普通の高校生活を送ってきた受験生は変に推薦・AO入試を意識せず、一般入試にまわることを考えるべきです（推薦・AO入試対策自体は実りのある勉強ですが）。その方が、実は合格する可能性が高いともいえるのです。ただし、いくら将棋が強いとはいっても、専門教育のどんなテーマに注目しているか述べてほしいものです。

実例❸ 外国語学部 英語学科 推薦

試験年度 2001年度 形態 指定校／―
必須評定平均 特になし その他出願条件 特になし
学科試験 時間：60分 教科：英語 小論文・作文 無
面接試験 時間：10分 形式：個人②（面接官2人×受験生1人）

面接官（質問内容）	受験生（質問への回答、面接官の反応など）
Q アメリカに留学し、辛かったことは何ですか。	A 6歳のホストブラザーとうまくいかないことがあり、ケンカなどをしたことです。私のホストマムは離婚し、シングルマザーで、ホストブラザーは2週間に一度お父さんのところに行くと、私たちに対して態度が悪くなり、言葉遣いが悪くなってしまいます。私たちはとても困っていました。
Q 「私たち」とは、あなた以外に誰のことですか。	A ホストマム、グランパ、グランマのことです。彼らも困っていました。
Q アメリカに留学し、今まで思っていたアメリカと見方が変わったことなどありますか。	A 今まで、アメリカには様々な人種がいるが、どのように生活しているんだろうと思っていました。アメリカに留学し、1年間生活したことで、彼らがお互い協力しあって生活していることを実感することができました。
Q アメリカのどこに住んでいたのですか。	A カリフォルニア州の田舎町「チャウチラ」というところに住んでいました。人口は8000人ぐらいしかいなく、半分はメキシコ人でした。
Q 差別はなかったですか。	A ありませんでした。私のホストマムもメキシコ人と付き合っていました。学校では、人種に関係なく仲が良いのですが、いつも行動する友達となると、メキシコ人はメキシコ人同士でいることが多かったです。
Q メキシコ人は何語を話していましたか。	A 友達同士のときは、スペイン語を使っているときもありました。
Q アメリカの映画は見ますか。	A はい。よく見ています。
Q 最近見た映画は何ですか。	A 「プライベート・ライアン」です。
Q アメリカで異文化を体験したといいますが、それは何ですか。	A アメリカに留学し、まだ生活に慣れていない頃、ホストマムの方の祖父の家に行き、はじめて銃を見ました。祖父は、「銃はいいもの。誤って使う人が悪いんだ」と主張し、銃を趣味で集めていると言っていました。私は祖父の銃を持たせてもらいましたが、ショックを受けました。何にショックを受けたかはわかりませんが、その

	晩眠ることができず、彼らの銃に対しての考えに悩みました。私はここに文化の違いがあり、これが異文化だと思いました。⚠
Q あなたは祖父に対して何と答えましたか。	A 「誤って使う人が悪いかもしれないけど、銃がなければそのようなことは起きない」と答えました。
Q 祖父はそれに対して何と答えましたか。	A 「自分の身を守るために銃は必要なんだ」と言いました。
Q 彼は保守党派ですか。民主党派ですか。あなたから見てどう思いますか。	A 研修の間2週間お世話になったホストマムの祖父で、一度しか会っていないのでわかりません。
Q アメリカに留学し、知識が豊富になったことで日本の友人の考えを幼稚だと見下してしまうことがありますか。	A いいえ、ありません。しかし、アメリカに留学したことで、日本を客観的に見ることができ、日本もいい国だなと思うことができました。
Q それは何ですか。	A 子供が両親の後を継いで、一緒に生活することです。アメリカではこのような拡大家族が見受けられませんでした。私がアメリカに留学中、ホストマムの祖母が亡くなりました。彼女は90歳を過ぎていましたが、周囲にはあまり家がない山の中で生活していました。私はどこか寂しい感じがし、様々な問題はあるかもしれないが、両親の体が弱くなったときに支え合って生活することはいいことだと思いました。⚠
Q 志望動機を言って下さい。	A 大学では第一に英語に力を入れたいです。そして、アメリカに留学したことで興味を抱いた異文化や歴史も学びたいです。○○大学は、少人数クラスで語学を学び資格取得のサポート講座も充実していると伺い、語学力を伸ばす設備が整っていると感じ、そのような優れた環境で学びたいと思い、志願しました。

先輩から一言 面接の練習は7回ぐらいしました。

Comment 体験談も深く掘り下げればアピールの根拠に

　自分の体験を語ると平凡に流れることが多いのですが、この実例における体験談はなかなかインパクトがあります。社会問題にそのまま連なるような特異な体験は、人生の実りであるが故に面接での良き受け答えに貢献することになります。また、単に自分の体験を語るだけでなく、比較文化的なアプローチで体験を洞察にまで深めている点にも注目です。逆に言えば、外国体験、海外留学体験も、この程度まで掘り下げているならばアピールの根拠になるのです。単に、外国に行ったことがあります、感動的に楽しかったのです、ではちょっと弱いと言わざるをえません。

実例❹ 外国語学部 フランス語学科 推薦

試験年度 2002年度 形態 公募／専願
必須評定平均 4.0 その他出願条件 英語は4.3以上
学科試験 時間：30分 教科：ディクテーション
小論文・作文 時間：90分 字数：1600字
面接試験 時間：5分
形式：個人②（面接官2人[日本人1人、フランス人1人]×受験生1人）

面接官（質問内容）	受験生（質問への回答、面接官の反応など）
Q ○○大学のフランス語を志望した理由を教えて下さい。	A ○○大学は語学教育に大変定評があり、外国人の割合も他の大学に比べて多く、そんな国際交流の盛んな大学でぜひ語学を学びたいと思っているからです。世界中にはいろいろな言語があり、私はフランス語を習ったことはないのでその言語自体はどんなものかはわかりませんが、背景事情に非常に興味があったのがフランス語だからです。
Q たとえばどんな背景事情ですか。	A 私は世界史が好きなのですが、その中でもフランスの歴史にとても興味を持っています。
Q たとえばどんな歴史か具体的に教えて下さい。	A 百年戦争とか、絶対主義時代の繁栄、フランス革命など教科書でも大きく取り扱われる出来事です。
Q そのことについて何か本を読んだことはありますか。どんな本ですか。	A 教科書上には登場しない人物や、有名な事件の裏話なんかを書いた本が好きでよく読みます。
Q 歴史が好きなんですね。得意な科目は何ですか。	A 英語と世界史です。
Q 香川のあなたの学校からこの大学に来た人はいますか。	A はい。
Q 東京に知り合いや親戚はいますか。	A はい。

先輩から一言 面接官は日本人とフランス人が1人ずつで、2人が質問してきました。日本人は優しそうなおじいさんで、終始ニコニコしていましたが、厳しい方もいたみたいで出てきて泣き出す人もいました。⚠

Comment ネイティブからの質問に動揺しない

　ミッション系の大学では特に、ネイティブが面接官として座っている場合があります。ただし、ネイティブだからといって厳しいことを聞いたり、突っ込んだりしてくるわけではありません。パッと見で、パニック状態にならないで下さい（「何かフランス語で聞かれたらどうしよう!?」←突然、聞いたりしないから大丈夫）。むしろ、英語を使った口頭試問がある場合、その対応こそが大切です。英語力以前に、緊張して簡単な言葉が出てこないという例が結構あるので、このあたりは模擬面接などで場数を踏んでおくとよいでしょう。

実例❺ 教育学部 学校教育教員養成課程 言語教育専攻 [推薦]

|試験年度| 2002年度 |形態| 公募／専願
|必須評定平均| 4.0 |その他出願条件| 特になし
|学科試験| 無 |小論文・作文| 時間：90分　字数：800字
|面接試験| 時間：15分　形式：個人②（面接官3人×受験生1人）

面接官（質問内容）	受験生（質問への回答、面接官の反応など）
（3人の先生が順番に質問します。）	
Q 志望動機をあなたの言語との関わりを含めて言って下さい。	A 小学校のときに出会った先生が、この大学を卒業されたばかりの先生で、その先生の国語の授業が楽しくて、今までずっと興味をもって勉強してくることができたので、私もこの学校で学びたいと思ったからです。
Q 国語の先生になりたいの？　大学に入ったら何を中心に勉強していくつもり？	A 私は幼いころから昔話や童話などをたくさん読んできました。高校に入って古文で説話を読んで、もっとたくさん読んで、千年も昔に作られたものが、どのように形を変えて伝えられているかを研究したいです。
Q それを研究してどんなふうに子供たちに伝えて行くの？	A 物語が変わっていくには、時代背景や、人々の願いが変わったことに原因があると思うので、そこを勉強して、今の昔話と照らしあわせて、原因を教えてあげることができれば、興味をもって聞いてもらえると思います。
Q じゃあ、具体的にかぐや姫はどこが変わったの？	A …今思い出せません。⚠
Q 英語と国語の違いは？	A 英語は動詞を先に言うけれど、国語は後に言うので国語は最後の結論を出すまでにいろいろと言葉をつなげていくことができ、どんどん長くなります。
Q でもそれは英語にもいえるんじゃないの？	A …あ、そうなんですか（笑）。勉強不足でした。
Q 君、新聞読むの？	A いいえ、読みません。

Q 最近気になるニュースは？	A アメリカの同時多発テロです。
Q 君は個性って何だと思う？ 茶髪やピアスのことと絡めて言って。	A 個性は自分にあった表現のことだと思います。茶髪やピアスも表現の一部だからいいと思います。
Q じゃあ君も茶髪にするの？ 大学で。	A …はい、したいです。
Q 君が担任になったクラスに茶髪がいたら困るね。	A じゃあ、先生になったら黒髪で（笑）。（さすがに怖い先生も笑っていました。）

先輩から一言 面接官の先生方はとても冷たかったです。厳しい質問もしてきました。私は「わかりません」と言ってしまったり、おかしなこともたくさん言ってしまい、絶対受かるはずがないと思っていました。奇跡です。何が評価されたのかまったくわかりません。面接中厳しい質問をされても笑顔ではっきりと答えたことがよかったのでしょうか。

Comment 何か一つ失敗したら、別の何かで取り返そう

これは面接での受け答えが崩壊している例です。あまり上手くいっているとは言いがたいものですが、結果は合格でした。何が評価されたのか不明ですが、こういう場合はほぼ小論文の力が認められたと考えるべきです。しかし、ここで教訓となるのは、厳しい質問をされても、冷たくあしらわれても、それで不合格になるわけではない、ということです。最後まであきらめず、何か一つ失敗しても、何か一つ別のことで取り返していれば、結構成り立ってしまうのが公募制推薦・AO入試の特徴でもあります。

実例❻ 教育学部 学校教育教員養成課程 教科教育コース音楽教育専攻 　推薦

試験年度 2002年度 形態 公募／—
必須評定平均 B (3.5) その他出願条件 特になし
学科試験 時間：180分
　　　　　教科：実技（ソルフェージュ・聴音・声楽・ピアノ・器楽）
小論文・作文 無
面接試験 時間：10分　形式：個人②（面接官6人×受験生1人）

面接官（質問内容）	受験生（質問への回答、面接官の反応など）
Q まず本学を志望した動機を教えて下さい。	A 小さい頃から音楽の先生になりたいと思っており、また音楽教員の免許だけでなく、養護学校教員の免許も同時に取得できるというところに魅力を感じ、志願しました。⚠
Q 今までの音楽の経歴を教えて下さい。	A コンクールなどで賞を取ったことはありませんが5才からピアノ、小学校5年生のときから吹奏楽をずっとやっています。今は中学生に楽器の指導をしています。⚠
Q 楽器は何をやっていたのですか。	A ユーフォニウムとチューバです。
Q 今は週にどれくらい吹いていますか。	A 7月に部活を引退してからは、あまり吹いていません。
Q 好きな楽器じゃないんですか。	A 自分の楽器を持っていないので、なかなか部活に顔を出して吹いたりできないです。
Q 群馬在住ということですが、どうして群馬の大学にしなかったのですか。	A 住み慣れた土地から少し離れて、勉強や生活をしたいと思ったからです。
Q 先程、養護学校の免許取得…と言っていましたがそれはどうしてですか。	A 普通の学校だけでなくて、養護学校でも仕事をしてみたいと思っているからです。
Q 今までに吹いた曲で、印象に残っている曲は何ですか。	A 中1のコンクールで吹いた「アパラチアン序曲」という曲です。

Q ずっと楽器をやっていたということですが、楽器で受験しなかったのですか。	A 私の高校は評定平均が出るのが9月下旬で、受験することを決めたのが遅く、楽器をやるのは大変だと思ったからです。
Q （以下、カードを見せられて）これ（一期一会）の読み方と意味を答えて下さい。	A いちごいちえ、人生のうちでとても貴重な出会いのことです。
Q ではこれ（犬猿の仲）は？	A けんえんのなか、とても仲が悪いということです。
Q これ（ピアノ三重奏）は？	A ピアノさんじゅうそう、よくわかりません。
Q これ（対位法）は？	A わかりません。すいません。

先輩から一言 面接は自分のことについて質問されるので、自分の言葉で答えられれば大丈夫だと思います。⚠

Comment 「夢」に向かって実際に行動を起こしているか

　小さな頃からの「夢」である、と言うのはとても良いことです。しかし、この受験生のさらに良いところは、その夢に連なる具体的な行動を起こしている（中学生に楽器の指導をしている）というところです。倍率の出る公募制推薦では、しきりに「夢」について語る人が多いのですが、合否を分けるポイントは、この「夢」に向かって実際に行動を起こしたかどうかで大きく揺れます。いわば、言っているだけなのかどうかの審査が加わってくるということです。自分の意欲をプレゼンするAO入試では、その傾向はますます強くなっているといえます。

実例❼ 教育人間科学部 芸術環境創造課程 音楽表現コース 推薦

試験年度 2002年度 形態 公募／専願
必須評定平均 特になし その他出願条件 特になし
学科試験 時間：5分 教科：実技（ピアノ） 小論文・作文 無
面接試験 時間：5分 形式：個人②（面接官7人×受験生1人）

面接官（質問内容）	受験生（質問への回答、面接官の反応など）
Q 志望理由書に"音楽背景を学ぶことがピアノの演奏における表現力の向上につながる"と書いてありますが、なぜですか。	A それぞれの曲の作曲者についてや、その曲が作られた時代について知ることで、情景を思い浮かべながら演奏することができ、それにより、幅広い表現ができると思います。
Q 志望理由書に"地域の芸術活動の推進"とありますが、たとえば何ですか。	A 主婦の方々が集まって行うお母さんコーラスなどです。
Q あなたは何をしたいですか。どのような形で参加しますか。	A 具体的にはまだ何ができるかわかりませんが、私は今までピアノを習ってきているので、伴奏などをしたいです。またいろんな企画をしたいです。

先輩から一言　おそらく実技が一番大切（というよりほとんど実技できまる感じ）なので試験に向けてしっかり練習するべきだと思う。面接はほとんど志望理由書から聞かれる。面接官の方々はたまに笑ったり、にこやかで気軽な感じ。

Comment 大学側が何を重視するのか早くリサーチする

　実技重視の大学での面接軽視はよくあること。問いを見ても答えを見ても、ずいぶん「軽い」内容であることがわかります。本書のアドバイスからすると真っ向から対立する例ですが、大学によってはこんなものといえばこんなものです。むしろ、入試で最も大切なのは、大学側が何を重視するのか、より早くリサーチすることです。現代のように、大学入試の仕組み自体が複雑化している状況では、勉強や努力そのものよりも、どこにどれだけ勉強量や努力を傾けるか、より早く決定することが大切なのです。

第5章　面接試験実例集

実例❽ 人間関係学部 人間関係学科 社会心理学専攻　AO

|試験年度| 2001年度　|形態|　AO／専願
|必須評定平均| 3.3　|その他出願条件| 特になし
|学科試験| 無　|小論文・作文| 時間：(事前郵送) 字数：制限なし
|面接試験| 時間：30分　形式：個人②（面接官2人×受験生1人）

面接官（質問内容）	受験生（質問への回答、面接官の反応など）
Q なぜ本校を受けようと思ったのですか。	A パンフレットやホームページを通して知り、講座名やその説明などを見て、とても楽しそうだと興味を持ったからです。
Q 学校は見学したり、オープンキャンパスに来ましたか。	A 学校に来たのはAO入試の事前相談が初めてで、見学もそのときにさせていただきました。
Q では学校を見たことがないのに決めたのですね。	A そうです。
Q なぜオープンキャンパスに来なかったのですか。	A ぜひ伺いたいと思っていたのですが、予備校の授業があったので行きませんでした。
Q 大学よりも予備校を選んだのですね。	A そのようなつもりではなかったのですが、○○大学を受けようと決めるまで迷っていたので、オープンキャンパスと授業を選ぶのも、正直迷いました。
Q どうしてAO入試で受けようと思ったのですか。	A AO入試だと個性とヤル気が重視されるので、この入試で私がどれだけ心理学を学びたいと考えているかを伝えたかったからです。
Q AOにしたということは、一般入試の勉強から逃げたようなものですねー。	A 違います。たしかに勉強は大変ですが、何より一般で落ちたらくやしいと思います。
Q くやしいというのは？	A 私のようにとても心理学が学びたいと思っている人が落ちてしまい、ただ適当な気持ちで受けた人が合格したら、「自分はこんなにヤル気があるのに…」とくやしく感じると思います。

Q ボランティア活動はどんなことをしましたか。	A 老人ホームへ行き、お年寄りの方々とお〇〇したり、お皿洗いなどを手伝いました。
Q 職場の人たちを見て何を感じましたか。	A どんなにキツイ仕事や、雑用であっても、みなさんやりがいをもって働いているように思えました。⚠
Q 心理学を目指すきっかけは友達から相談を受けたことだそうだけど？	A はい、高校に入ってから、多くの相談を受けるようになり、「自分の経験を活かしながら、もっといいアドバイスができたら」と思いました。
Q 苦手な教科は何ですか。	A 数学が苦手です。
Q 苦手な理由は？	A 小さな頃から、お小遣いのことなどで数学には痛い目にあっているので、それ以来トラウマとなり…あはは…。⚠
Q お小遣いね！ なるほど（笑）!! 心理学には数学は関係あると思いますか。	A （笑ってくれてよかった…）えーと、病院で働くカウンセラーの方もいらっしゃるので、関係あると思います…。
Q うーん（苦笑）。○○さんは苦手みたいだけど、心理学に数学はとても重要なのです。やっていけますか。	A はい！ たとえ嫌いな教科でも、興味のあることのためなら頑張って勉強します！

> **先輩から一言** 面接は「アメとムチ」。1人はほめる「アメ役」、もう1人はいじめる「ムチ役」。ムチ役はとにかくへこむまで突っ込んでくるけど、そんなこと気にせず自分の気持ちを正直に伝えるべきです。

Comment 一般入試にしなかった理由をどう説明するか

　ボランティア体験が生きているケースです。また、笑いを誘う臨機応変の受け答えもなかなか参考になります。しかし、最大の注目はあえてチェックマークをつけなかった、「なぜ一般入試にまわらなかったのか」という質問に対する答えです。これはさまざまに考えられるでしょうが、ごく普通に最大公約数の声を集めると、この実例の答えのようになるのではないかと思います。結構答えにくいことではありますが、この実例と比較的似た考えを持って公募制推薦を受けるならば、この受け答えは大変参考になると思います。

社会学部　社会学科　[推薦]

[年度] 2002年度　[形態] 特別選抜／併願
[必須評定平均] 英語3.5以上　[その他出願条件] 文化芸術活動で都道府県レベル以上の大会、コンクール等において上位入賞等の実績を持つ者
[学科試験] 無　[小論文・作文] 時間：60分　字数：制限なし
[面接試験] 時間：15分　形式：個人②（面接官2人×受験生1人）

面接官（質問内容）	受験生（質問への回答、面接官の反応など）
Q　どのようにしてこの入試方法を知ったのですか。	A　私の姉がこの学校を出ていて、姉の友達からこの入試方法を知りました。
Q　あなたは社会学部で、どのようなことを学びたいと思っていますか。	A　社会学部では、主にコミュニケーション論を重点的に学び、人との関わりを深く学びたいと思っています。また、一般教養では、フランス語を選択し、フランス芸術学を専攻し、バレエの用語の意味を学び、芸術背景の知識を身につけ、バレエの幅を広げていきたいと思っています。
Q　（書類を見て）あなたの出場したコンクール以外には他のコンクールもあるのですか。名前も答えて下さい。	A　はい。あります。神戸全国舞踊コンクールや全日本バレエコンクールなどです。
Q　そのコンクールとあなたが出場したコンクールっていうのはレベル的に差があるのですか。	A　いいえ。神戸全国舞踊コンクールや、全日本コンクールは昔からあって歴史があるので有名で大きなコンクールですが、レベル的にはみんな同じです。
Q　なぜこのコンクールに出場したのですか。	A　学校があるときは学業との両立もあり、なかなか出場できないのですが、このコンクールは夏休みにあるのでこの機会を利用し、このコンクールに出場しました。
Q　バレエと学業の両立はできますか。	A　はい。今までも週に4回バレエに通い、テストにも対応してきたので両立はできます。
Q　学校までは通うのですか。	A　はい。

> **先輩から一言** 学校で練習してもらえるのならば、やってもらった方がいいと思う。待ち時間があるので、自分がこの学校へ行きたいと思う気持ちや学校で何を学びたいかを、きちんと相手に伝えられるようにする。⚠

Comment 自分の実績と大学の出願をどう結びつけるか

　出願に、「文化芸術活動で都道府県レベル以上の大会、コンクール等において上位入賞等の実績を持つ者」という条件がつく入試形態です。そうなると当然、面接ではこの活動に沿った話が中心に据えられます。自分のがんばったことだから上手く答えられるのでしょうが、むしろ問題は、それを大学の出願とどう結びつけるかです。ここはトレーニングのしどころだといえます。

実例❿ 観光学部　観光学科　AO

|試験年度| 2002年度　|形態| ＡＯ／—
|必須評定平均| 3.8　|その他出願条件| 特になし
|学科試験| 時間：60分　教科：英語　|小論文・作文| 無
|面接試験| 時間：20分　形式：個人②（面接官２人×受験生１人）

面接官（質問内容）	受験生（質問への回答、面接官の反応など）
Q 外は寒いですか。	A はい。寒かったです。
Q ここはあったかいでしょ？	A はい。
Q 寝ないでね（笑）。	A （笑）
Q では、まず、観光学部に入りたいのはなぜですか。	A はい。私は中学３年のときから水泳で国民体育大会に出場していて、そのときに、各開催地でその地域の人々に声をかけてもらったり、応援されたりしてとてもあたたかいものを感じ、この日本人のあたたかさを世界のもっと多くの人に知ってもらいたいと思ったのがきっかけで観光学にたいへん興味を持ったからです。
Q 他の大学もありますが、どうしてこの大学なの？	A はい。貴学での、自ら研究し、体験できるフィールド型学習を行っているという点や、観光について３つのコースがあり、さまざまな分野から観光学を学べるという点や旅行業講座、ホスピタリィマネジメント講座など、より専門的な講座があるという点が、私にとってとても魅力的で、ぜひ、○○大学で観光について学びたいと思ったからです。⚠
Q よく知ってるね。	A あ、はい（笑）。
Q 喘息で水泳をはじめて、それは治ったの？	A はい。だいぶよくなりましたし、体力もつきました。
Q 大学でも続けていくの？	A 中学、高校と水泳を中心としてやってきたので、やはり大学では自分のやりたい観光学の勉強を一番に考えていきたいと思っています。

| Q 志望理由書に「ボランティアガイド」ってあるけどこれは何なの？ | A はい。インターネットで偶然見つけたホームページなのですが、それぞれの地域の住民が、自分たちの見どころやおすすめスポットを無料で公開し、紹介するページです。 |

先輩から一言 練習しすぎて文章を暗記してしまうと、話している間に何を聞かれているのか忘れてしまって、質問に対して違う答えになってしまいがちなので気をつけて下さい。

Comment 事前練習はよいが、「暗記」は失敗を招きやすい

　これは面接対策の定番のような受け答えになっています。志望大学のカリキュラムを述べ、自分がその中の一体どれを目指しているのかを明らかにするという点に特に注目です。また、「先輩から一言」で、事前練習での想定問答の暗記に対して批判の声が出ています。根拠は、思い出そうとしているうちに何を聞かれているのか忘れてしまう失敗を招きやすいということですが、入試でなければ微笑ましい理由です。しかし恐いのは、確かにそれがありそうなことだということです。

⑪ 経済学部

推薦

|試験年度| 2002年度 |形態| 指定校／専願
|必須評定平均| 4.0 |その他出願条件| 特になし
|学科試験| 無 |小論文・作文| 無
|面接試験| 時間：20分　形式：個人②（面接官2人×受験生1人）

面接官（質問内容）	受験生（質問への回答、面接官の反応など）
Q　レポートに書いて送ってもらっていますが、もう一度、志望理由を言って下さい。	A　施設がとても充実しており、学ぶにはとてもよい環境であるし、先日、オープンキャンパスで訪問したとき、キャンパスがとてもきれいで魅力的に感じ、志望しました。
Q　それでは、なぜ経済を学びたいのかを教えて下さい。	A　進学先を決めるときに、経済学部が発行している資料を見つけ、その中の○○教授が書いていた、消費者心理や経営者側の心理に興味を持ったからです。⚠
Q　ボランティア委員会では委員長までしていたそうですね。どのような活動を行ったのですか。	A　老人ホームや病院などでお年寄りの介護をしたり、保育園などで子供たちのお世話をしたりしました。お正月には巫女も体験しました。
Q　そこで感動したことは？	A　はい。レポートにも書いたのですが、やはり老人ホームだと思います。老人ホームは暗いイメージがあったのですが、行ってみると介護をする方もお年寄りの方もみんな元気でびっくりしました。
Q　あぁ、やっぱりそうなんだ。私たちもレポートを読んで涙が出そうになったよ。レポートに、留学をしたいとも書いてあるけど、どうして？	A　小学生の頃から、一人で海外で寄宿舎生活をしたり、ホームステイに行ったりしていたんですけど、英語が話せないのは日本人だけで、周りの外国の子供たちと上手くコミュニケーションがとれないことをとても残念に思っていました。その度に、大学に行ったら留学をしたいと考えていました。

Q 入学したら、英語をたくさん勉強して、ぜひ留学して下さい。大変やる気が見られますね。レポートもよくまとめてあります。入学したら頑張って下さい。	A はい。ありがとうございました。

先輩から一言 たくさんのパターンの質問を予想し、それに対しての答えを準備していました。緊張して忘れてしまったら困るので暗記しようとはせず、目を通すだけにしておきました。自分の書いたレポートを見ながら質問されるので、どのようなことを書いたかを、しっかり頭に入れておくのがよいと思います。

Comment 講義・ゼミ名は具体的に、「人」名は慎重に

具体的な教授名を出すのは危険です。講義・ゼミ名は構いませんが、「人」というのは好き嫌いがあったり、いなくなったりするもので、その点での致命的なミスを誘発する場合があります(「○○教授は他大へ変わられました」という一言で志望理由が崩壊します)。ちなみに、この受験生も暗記を批判しています。暗記を批判している人は、必ず自分の志望を具体的に語っているという点に注目して下さい。

実例⓬ 商学部 昼間主コース ―フレックスA AO

試験年度 2002年度 形態 ＡＯ／併願
必須評定平均 4.0以上が好ましい その他出願条件 特になし
学科試験 無 小論文・作文 無
面接試験 時間：30分 形式：個人②（面接官3人×受験生1人）

面接官（質問内容）	受験生（質問への回答、面接官の反応など）
Q （受験生の出身地である）鹿児島のPRをして下さい。	A 私はジュニアリーダークラブというボランティア団体で地域に密接した活動を行っています。地域行事のボランティアスタッフをすることが多いのですが、鹿児島県は高齢化が進んでいて、そのような行事にもたくさんのお年寄りが参加されています。しかし、お年寄りといえども大変元気で、時には私たちが圧倒されるほどです。暖かい気候柄か、お年寄りも若者も元気で活発な県です。
Q （提出書類に自営業だと書いてあるのを見て）将来は家業を継ぐつもりですか。	A はい。しかし、卒業後すぐ継ぐつもりはありません。民間企業に就職し、一般常識や企業組織を身につけた上で、自信を持てるようになったとき、家業を継ぎたいと思っています。
Q 日本はどうして不況になったと思いますか。	A 日本は高度経済成長で立派な体系を整えましたが、それ以後、バブルが崩壊してもなお、終身雇用や年功序列を行っていたからだと思います。
Q あなたの高校の進学率を教えて下さい。	A 鹿児島では国公立大学への進学が主流なため、私の学年でも90％以上が国公立大志望者です。昨年は400名中約250人が国公立大に進学しました。
Q あなたも初めは国公立大志望だったのですか。	A いいえ。私は経営の勉強をしたかったので、それならば企業とフレキシブルかつ実践的な学習を行える私立大学を志願していました。
Q 最後に、「私はこういう人間なのでこの大学に通して下さい！」という自己アピールを3分間して下さい。	A 私はこれからは国際貢献ではなく、国際連帯の精神が必要だと思います。私がそれを考えるようになったのは今まで行ってきたボランティアの中でです。ですから、私は大学進学後、勉学はもちろんのこと、地域に密接したボランティアをこれからも続けていきたいです。⚠

先輩から一言 私は商学部志望だったので、当然経済のことばかり聞かれるのだと思っていました。しかし、実際には、3人の面接官の中でも特に中心となって質問される方は工学部の教授で、意外なことを聞かれることもありました。私は自分でも驚くほど緊張しなくて、ありのままの私で時には笑いも交えつつ面接を終えられたことが合格の決め手となったと思います。「絶対勝てる！」と思い込むことで緊張がなくなりました。自分に信を持つことが大切です。

Comment 受け答えに「読書」がうかがえると好感度アップ

　読書がうかがえる面接は、大変好感が持たれます。読書がうかがえる面接とは、具体的に言うと、専門色の強い用語が一つ二つ受け答えの中に入っているということです。読書は自分の志望の一つの拠点で、用語を上手く駆使することができれば不思議と落ち着くものです。また、落ち着けば話も弾み、話が弾めば笑いも生まれ…と非常に良い循環が生まれ、結果的に、これは入試の面接だったのか??と感じるほどリラックスできるものです。あまりにリラックスしすぎるのもどうかと思いますが、笑いが生まれるような面接はまず大成功といってよいでしょう。

法学部　法学科　推薦

試験年度 2001年度　形態 指定校／―
必須評定平均 特になし　その他出願条件 特になし
学科試験 無　小論文・作文 時間：60分　字数：制限なし
面接試験 時間：10分　形式：個人②（面接官2人×受験生1人）

面接官（質問内容）	受験生（質問への回答、面接官の反応など）
（はじめに部屋に入ってあいさつを済ませた後で、「形式的なことはこれまでで、ここからはあなたの内面を知りたいので」と言われた。）	
Q 今までに本校に来たことがありますか。	A はい、一度来たことがあります。
Q それはオープンキャンパスですか。	A いいえ、オープンキャンパスには来れませんでした。
Q 本校に来てみての印象は？	A はい、都会にあるのに、とてもそんな感じがせず、別世界に来たように感じました。
Q （うなずいて）私自身もそう思います。東京にある私立大の中で一番環境がよいと誇りに思っています。法学部の推薦を希望した人は他にいましたか。	A いませんでした。
Q （調査書を見ながら）あなたは困っている人を助けたいと思って法学を学びたいと書いてあるのだが…。	A はい、私は小学生の頃からガールスカウトに入っていて、ボランティア活動を通して弱い立場の人とふれ合ってきて、そのような人たちの助けになる仕事をしたいと思っていて、そのために法律を学ぶ必要があると思ったからです。
Q （クラブ活動について）○○とは何をしている委員会ですか。	A はい、ボランティア活動や養護学校との交流をしています。

Q （小論文について）字がきれいですね。字がきれいなのはそれだけで印象がいいです。（内容について）あなたは少年犯罪における被害者に加害者の情報を伝えるべきだと思ったのですね。⚠	A はい、今、少年犯罪において加害者の権利が尊重されていて、被害者の知る権利もきちんと尊重するべきだと思いました。また、それが真相解明にもつながると思ったからです。
Q どの程度まで教えるべきだと思いますか。	A 加害者の写真は公表しないとかだと思います。
Q 他にどのような分野で必要だと思いますか。	A 医療の分野において治療法をきちんと患者に伝えるとかだと思います。
Q 他にはありますか。	A 他に思い浮かびません。
Q 国の予算などもありますよね。情報公開法は知っていますか。	A いいえ、知りません。（と言っても、ムードは良い状態のままでした。）
Q 新聞は読んでいますか。	A はい、時々読んでいます。
Q 毎日読みましょうね。もし、合格したら入学までの間何をしたいですか。	A はい、自分の好きなことをするのもそうですし、受験で来る人のレベルは高いので、それに追いつくためにも英語を学びたいと思っています。

先輩から一言 面接官はとても親切で、普段通りの自分の姿でできました。面接は飾らずに笑顔でいけば絶対に大丈夫だと思います。

Comment 時には、素直に「わからない」と言うことも大事

　志望理由書や事前提出書類にちょっとかっこいいことを書くと、面接会場でめまいがするほど突っ込まれます。代筆を見破るために突っ込みの嵐があるのですが、ポイントは、何でも上手く答えられるかどうかではなく、答えられることと答えられないことが整理されていて、わからないときにはわからないとあっさり言えるかどうか、と言っても過言ではありません。自分で考えていない場合、この「わからない」が素直に言えず、論がめちゃくちゃになる場合が多いのです。何事も最後は自分の力で、そして素直に対応すること、これも面接のコツの一つです。

実例⑭ 法学部　法律学科　推薦

試験年度 2001年度　形態 指定校／—
必須評定平均 特になし　その他出願条件 特になし
学科試験 無　小論文・作文 無
面接試験 時間：30分　形式：集団①（面接官2人×受験生3人）

面接官（質問内容）	受験生（質問への回答、面接官の反応など）
Q （事前に提出した調査書を見ながら）法律家といっても3つありますが、今現在何になろうと思っていますか。	A はい、私は弁護士になりたいと思っています。理由は、今、被害者の人権、特に少年犯罪の被害者の人権がとても軽視されているという話をよく耳にし、自分がそういった方々の力に少しでもなれたらいいなあと思ったからです。
Q 世界を舞台に活躍したいと書いてありますが、具体的にどういうことですか。また英語については？	A はい、現在、在日外国人の方々がどんなに訴訟を起こしてもなかなか勝つことができないということをよく聞きます。そういった不平等な現在の状況を改善するお手伝いをしたいと思っています。英語については、学校での成績はなかなか伸びないのですが、自分の中ではとても興味があります。今後も一層の努力を続けていきたいと思います。⚠
Q たしかに語学力は若いうちにつけておいた方がよいですね。うちの大学では外国人教師担当のクラスが何クラスかあるから活用してみるといいでしょう。今、少年法改正の議論がされているけれど、少年犯罪の厳罰化についてはどう思いますか。	A はい、自分は厳罰化に賛成です。少年であろうとなかろうと、被害者の立場からすれば殺された人は戻ってはこないわけですし、自分たちと同年代の若者に責任能力や判断能力がないとは言えないと思います。アメリカやイギリスのように少年にも厳罰を与えることで、自分と同年代の人間が起こした罪の重さを知ることになり、犯罪の抑制につながると思います。（ちなみにグループの中で最初に答えた人と正反対の意見でした。）⚠
Q じゃあ、大学に入ったら2人で討論しなくてはなりませんね（笑）。じゃあ最後に私を弁護してみて下さい。私の子供が夜中に高熱を出してしまって病院につれていきたいのですが、私は寝る前に酒	A はい、非常に難しいところだと思いますが、酔っぱらい運転それにスピード違反の上での事故ということで罪は罪であり罰を受けるのは当然だと思います。しかし、その裏で子を思う親の優しさというものがあり、情状酌量の余地は残っていると思うので最大限の減刑を考慮してもらうよう訴えると思います。

を飲んでいました。そのまま酔っぱらい運転で法定速度50km/hの道を80km/hで走っていたところ、人をはねて殺してしまいました。	
Q 被害者の立場からするとどうでしょう。	A はい、事故の背後にある事情をくんでもらえるよう努力します。
Q ありがとうございました。	

> **先輩から一言** 面接官はとても優しそうな青年の教官と初老の教官とでとてもやりやすい雰囲気でした。ただ当たりはずれはあるみたいです。事前に提出する用紙（志望理由書など）がほとんど問題の核になっているので、自分の書いたことに関しては突っ込まれても大丈夫なようにしておいた方がいいと思います。あと、他の人の意見も聞いておいた方がいいです。⚠

Comment 専門色が強い場合、予備知識、自分の意見が大切

明らかに法学部としての質問が中核となっています。志望理由書をベースにしながら具体的な法学の勉強、法律の運用を厳しく深く問うてくる姿勢に注目して下さい。これだけ専門色が強くなると、当然、論調について大学の教員の気に入るような答えに調整する必要はありません。むしろ、聞かれていることが理解でき、一般的に存在する反対意見に配慮しながら、最終的には自分の意見をはっきり述べるということが大切です。この論調や考え方に賛成して大丈夫だろうか、と心配する前に、これはこういう問題でこういう意見で世評は対立している、という予備知識をどんどん入れていくべきです。

実例⑮ 理学部　生物学科　AO

|試験年度| 2002年度　|形態| AO／専願
|必須評定平均| 英・数・理の平均が3.8　|その他出願条件| 特になし
|学科試験| 無　|小論文・作文| 時間：制限なし　字数：2000字
|面接試験| 時間：40分　形式：個人②（面接官3人×受験生1人）

面接官（質問内容）	受験生（質問への回答、面接官の反応など）
Q 志望理由は何ですか。	A 以前参加したオープンキャンパスでみなさんがとてもイキイキとしていたし、尊敬する○○助教授のもとで学んでいきたいからです。また、教員数の割に生徒数が少なく学習環境がとてもよかったからです。
Q 谷津干潟について意見を述べて下さい。	A 今年の9月頃実際に行って野鳥を観察してきましたが、アオサが一面に繁殖していて心配になりました。
Q 教科書の用語について、全く知らない人に教えるように説明しなさい。 ①無性生殖と有性生殖 ②光合成 ③ホルモン（以下略）⚠	A ①種族繁栄のために子孫をつくることであり、無性生殖は分裂、出芽、栄養生殖、胞子生殖が、有性生殖には接合、受精がある。無性生殖は、自分と全く同じ遺伝子を子に受け渡すので、早く行えるが、病気など外部環境の変化に対応しづらい。逆に有性生殖は、相手を探す減数分裂などの手間はかかるが、環境の変化に対応していきやすい。 ②炭酸同化の1つで、光エネルギーを利用して、空気または水中のCO_2を固定すること。過程は明反応、暗反応に分けられるが、昔と今では、その考え方は違う。クロロフィルaを活性化させる反応、水を分解するヒル反応、ATPを合成する反応と、得られたHとATP、また吸収したCO_2を使い$C_6H_{12}O_6$をつくるカルビン・ベンソン回路がある。前の3つは葉緑体のチラコイド内に、カルビン・ベンソン回路はストロマ内に存在する。 ③細胞間の連絡方法の1つで、ホルモンは手紙、神経は電話に例えられる。内分泌腺がホルモンをつくり、それは脳下垂体前葉、後葉、甲状腺、副甲状腺…etcがある。糖質コルチコイド、鉱質コルチコイド、チロキシンはタンパク質ではないので口経投与も可能。（以下略）

> **先輩から一言** 40分なんて長時間の面接だが、実際はそんなに長く感じなかったし、15分ぐらいしか時間が経っていないと思うぐらいだった。志願理由は抽象的じゃなく、具体的に！ あと自信を持つ、それだけ。⚠️

Comment どんなテーマ、どんな分野にこだわりたいか

　教科書の用語の説明を求められていますが、それ以外はそれほどシビアな質問はありません。それよりも大学を具体的に見ること、そして「先輩から一言」にある通り、具体的にどんなテーマ、どんな分野にこだわりたいか、ある程度はっきりさせることの大切さを改めて実感して下さい。当然のことながら、この角度で受かるべき人とそうでない人が選別され、後はその差が埋まることはほとんどないといえます。

実例⑯ 理学部 化学科 推薦

試験年度 2002年度 形態 公募／専願
必須評定平均 B以上 その他出願条件 特になし
学科試験 無 小論文・作文 時間：90分 字数：300〜500字
面接試験 時間：10分 形式：個人①（面接官1人×受験生1人）

面接官（質問内容）	受験生（質問への回答、面接官の反応など）
Q 本校を選んだ理由は？	A 1998年8月に竣工したばかりの校舎がきれいで、また設備もすばらしかったからです。見学に来たときに先生と生徒が楽しそうに研究について話しているのを見、研究をする環境がすばらしいと思ったからです。また生物、物理も学ぶことと、実験を多く行うことで専門性を深めるというカリキュラムに興味を持ったからです。
Q なぜ化学科なのですか。	A 私は分子の勉強をしたいと昔から考えていました。本校ではその分子の研究がさかんだからです。
Q 学校ではどんな実験をしましたか。	A 学校ではあまり実験をしませんでした。だからこそ実験を多く行う本校のカリキュラムに興味を持ちました。
Q （成績表を見て）英語が苦手ですか。	A はい。
Q 部活は何をしていましたか。	A 弓道部でキャプテンをしていました。
Q 本学の弓道部は見ましたか。	A 道場は見ました。練習は見ていません。
（その他、口頭試問有り。）	

先輩から一言 口頭試問は教科書を読んでいれば何とかなる（わからないものはわからないって言って平気）。面接時間は人によって全然ちがう。

Comment 苦手科目の克服は基礎の基礎、中学レベルから

　教科書レベルの問いについてならば、高校生は自分の力で考え、時に自分で課題を設定するような力を持っているものです。実際、大学入試の出題というのは、中学レベルの復習が介入してくることが多く、苦手科目の克服はまず基礎中の基礎から復習すべきなのです。口頭試問であれ、一般入試であれ、受験大学の選定と早めの過去問題対策は重要なものだといえます。早く決めた人が有利、という現代の受験のあり方を一つのコツとして見てほしいものです。

実例⓱ 工学部

昼間主コース
建築学科

推薦

|試験年度| 2002年度　|形態| 指定校／専願
|必須評定平均| 3.5以上　|その他出願条件| 特になし
|学科試験| 無　|小論文・作文| 無
|面接試験| 時間：10分　形式：個人②（面接官2人×受験生1人）

面接官（質問内容）	受験生（質問への回答、面接官の反応など）
Q この大学を志望した理由は？	A 私がこちらの大学を志望したのは、半年程前に地元の駅前で車イスに乗った方が段差に困っている姿を目にしました。考えてみると、私たちの周りにはまだバリアフリーの行き届いていない場所が多くあると思いました。これからは高齢化が進み高齢者や体の不自由な方が増えてくると思いました。そこでそのような方たちが住みやすい空間を作りたいと思いました。こちらの大学にはバリアフリーや市街地環境を考えた建築の研究をしていることを知りこちらの大学を志望しました。⚠
Q 福祉に興味を持ち建築で生かしていきたいようだけど、この事以外のどんな事がきっかけで福祉に興味を持ちましたか。	A 以前学校の方に福祉の勉強の一環で障害を持った方がいらして、講演を聞き、強く興味を持ちました。また実際に車イスを体験して、どれほど大変かがよくわかりました。
Q あなたの得意または好きな教科は何ですか。	A 私の好きな教科は物理です。物理という教科は私たちの身の周りに起こっているすべての現象を式で表すことができ証明してくれるのでとても興味があります。⚠
Q あなたは修学旅行委員をやっていたとのことですが、どこに行ったのですか。何が良かったですか。	A 渡嘉敷島のビーチがとてもきれいだったのが印象に残っています。あと、△△高校との交流をして、いろいろな話をしたのが思い出に残っています。
Q 電子メールやビデオレターによる交流をしたと書いてありますが、じゃあそのようなことは自分でできるのですね。	A はい、大体の事ならできます。

Q バスケット部に所属していたようですが、部活を通して何を得たと思いますか。また何が悔いに残っていますか。	A 悔いに残っている事は3年間を通して、目立った戦歴を残す事ができなかった事です。得たものは、私たちの代ではよく、仲間同士での意見の対立がありました。しかし、その度にミーティングを行い、両者の納得のいく解決法を見出す中で、仲間内の信頼や、思いやる心、協調性を養うことができました。
Q 最後にこの学科では環境デザインクラスと建築クラスがありますが、どちらに入ろうと思いますか。	A 環境デザインクラスの方が建築について奥深くやるのでやりがいがあると聞いたので環境デザインクラスに入ろうと思っています。

> **先輩から一言** 自分がなぜこの大学を志望して将来は何になりたいのかを明確にしておく。あまり練習をしすぎると、文章が頭に残ってしまい、本番で緊張から文章を間違えると、混乱し、立て直せなくなる場合があるので、あまり練習はしすぎず、本番で自分の言葉をしっかり言えるようにしたい。

Comment 好きな科目が問われたら志望学科と合うものを

　工学を福祉の点から語っているのが非常に面白いといえます。工学といっても、それがどのように技術として使われるのか考えてのプレゼンテーションで、さまざまな細かい点はさておき、非常に良い実例になっているといえます。また、好きな科目が問われたら、（素直に答えればいいのですが）なるべく自分の志望学部・学科と（比較的）合う科目を選んで下さい。物理学科に行きたいのに、好きな科目が仮に国語だと言ったら、面接官に「学部違いじゃないか」と指摘される可能性大です。

実例⓲ 工学部　情報工学科　推薦

試験年度 2002年度　形態 公募／併願
必須評定平均 3.0　その他出願条件 特になし
学科試験 無　小論文・作文 無
面接試験 時間：10分　形式：個人②（面接官2人×受験生1人）

面接官（質問内容）	受験生（質問への回答、面接官の反応など）
Q なぜ本学を志望しましたか。	A 工学系図書館で世界最大級というライブラリーセンターにひかれました。ここでは、他の大学では学べられないようなことが学べると思います。また、学生に対して親身になって指導してくれるということにもひかれ、志望しました。
Q なぜ情報工学科なのですか。	A パソコンにとても興味があり、パソコンを完全に学びたいと思ったからです。
Q パソコンを持っていますか。	A はい。持っています。
Q 何に使っていますか。	A 主にホームページを見ています。大学を調べるときにも利用しました。⚠
Q どうやって本学を知りましたか。	A 私のいとこの者が、貴学の方を卒業しましたので、昔から知っていました。
Q 本学に入ったら何をしたいですか。	A ぜひサークルに入ろうと思います。サークル活動では、全国から集まった人たちとの交流があり、とてもいいと思うので、やろうと思います。
Q 将来は何をしたいですか。	A 大学4年間で学ぶ情報処理の技術や自分で研究してきたことを最大限に活かしながら、ソフトウエアの開発をしようと思います。

先輩から一言　練習は早めにしておいた方がいいと思います。言葉を丸暗記してしまうと棒読みになり、不自然に聞こえてしまうので、自分の言葉で表現できる練習もしておいた方がいいと思います。⚠

Comment ホームページは積極的に利用→面接でアピール

　ホームページの利用は積極的にした方がよいですし、した場合は面接ではっきり述べた方がよいでしょう。面接官は、自分の大学のどの広告が効果があったのか知りたがっているものです。また、この受験生も暗記を批判しています。他の実例もそうですが、比較的具体的な将来像、大学での学習意欲がある人ほど、面接での暗記を批判します。なぜ暗記が無駄な行為なのかは、本書で繰り返し解説している通りです。

実例⑲ 農学部　生物生産科学科　推薦

|試験年度| 2001年度　|形態| 公募／専願
|必須評定平均| 成績優秀者　|その他出願条件| 特になし
|学科試験| 時間：10分（口頭試問）　教科：生物・化学
|小論文・作文| 時間：120分（2問）　字数：各800字
|面接試験| 時間：10分　形式：個人②（面接官4人×受験生1人）

面接官（質問内容）	受験生（質問への回答、面接官の反応など）
Q 東京方面にはたくさん大学がありますが、なぜ静岡の大学を選んだのですか。	A もともと静岡に住んでいたことと、清水で祖父母が農家をしていて、手伝いながら大学に通いたいと思いました。インターネットで大学のことを調べていて、やりたいことがあったからです。
Q 静岡にはどのくらい住んでいましたか。	A 生まれてから、幼稚園までは静岡、小学校から中学1年までは△△、中学2年から□□に引っ越しました。
Q じゃあ、ほとんど静岡の人ですね。インターネットで調べたやりたいこととは何ですか。	A 野菜の養液栽培に興味を持ちました。
Q 高校時代に行ったことで、何か人に自慢できることを言って下さい。	A （写真を見せて、「これは文化祭のとき」などと説明しました。）⚠
Q 充実した高校生活だったのですね。推薦入試についてどう思いますか。	A チャンスが増えていいと思います。
Q ではこの試験でダメだったときも本校を受けますか。	A もちろんです。
Q 最近の高校生の学力低下についてどう思いますか。	A 本当にそうだと思います。しかし、文部省はゆとり教育と言っていて矛盾していると思います。
Q 最近の大学生についてどう思いますか。	A 二極化すると思います。私の知り合いに、大学院の博士課程まで行って頑張っている人もいるし、そうでない人もいます。

Q 自然界で不思議だなぁと感じることは何ですか。	A うまく循環していることです。
Q 具体的には？	A …川の中でプランクトンが小さな魚に食べられて、小さな魚は大きな魚に食べられて…などです。
Q 最近のニュースで気になっていることはありますか。	A 飼料用にアメリカから輸入したトウモロコシに遺伝子組み換えのトウモロコシが混入していたことです。
Q どう思いますか。	A アメリカではアレルギー反応が起こるということで、人間には、使用許可していないのに飼料に入れていると、それを食べた牛を人間が食べても平気なのかと思います。
Q では、遺伝子組み換えに反対ですか。	A いえ、そうではありません。安全性が確かめられていればいいと思います。これからは遺伝子組み換えが必要だと思います。
Q 最後に、ISOとは何か知っていますか。	A 知りません。
Q では、聞いたことはありますか。	A 聞いたことないです。

先輩から一言 学校で何度も面接の練習をしました。どうしようかと思っていることは前日までに全部誰かに聞いてもらうといいです。

Comment 意欲を見せることができるものは全部見せる

　志望理由書に写真や資料、レポートを同封し（「審査の対象にしないのならば捨てて下さい」という手紙を添えて）、出願する人は、今やずいぶん増えているようです。意欲として見せることができるものは全部見せる、ということを狙っているわけですが、実は面接する側にとっても、質問がかなり具体的にできるということで、ありがたいものだったりするのです。もちろん、筋違いのレポートを送っては評価を落とすことになるので、学校の先生などとも相談し、ピント外れなものになることだけは未然に防止しましょう。

実例⑳ 生物産業学部 生物生産学科 推薦

試験年度 2002年度 形態 公募／専願
必須評定平均 3.5 その他出願条件 特になし
学科試験 無 小論文・作文 時間：60分 字数：800字
面接試験 時間：10分 形式：個人②（面接官2人×受験生1人）

面接官（質問内容）	受験生（質問への回答、面接官の反応など）
Q 志望理由は何ですか。	A 海から魚介類を取ってきたり、スキューバダイビングをしている父に影響され、小さい頃から生物を観たりするのが好きでした。また、今年の夏、△△大学の公開講座に参加して、ウニの発生、プランクトンの採取、海藻のおしば作りなどをして、より興味を持ったからです。⚠
Q 海ならなぜ、□□大学とかではなく本校を志望したのですか。	A ○○大学は、農業、林業、畜産、水産の学べる総合学校なので、友人や遠隔授業を通してより多くのことを学べると思ったからです。また、壮大なオホーツクキャンパスで学べることに憧れました。
Q あなたの学校は都会ですか。	A いえ、自然豊かなところです。
Q 北海道にあるのですが、親は何か言っていましたか。	A 遠いので、心配していますが、学習施設が整っているので賛成してくれました。
Q （調査書を見て）エア・ホッケがどうとか書いてあるけど、何ですか。	A 文化祭で作ったエア・ホッケのことですが、それはまた日立市で行われた科学の祭典にも出品し、小学生に楽しんでもらいました。
Q 部活は、どのように活動していましたか。	A 私は弓道部に所属していたのですが、そこでは「良い形で引く」という同じ目標を持った部員たちと毎日、指南したり、励まし合い練習してきました。
Q 大学では勉強以外でどんなことをしたいですか。	A 私はサークルにも参加したいと思ってます。収穫祭の時に見たYOSAKOIソーランを見て興味を持ちました。

Q 本校を何で知りましたか。	A 学校でもらったパンフレットです。
Q 将来は具体的にどのような道へ進みたいですか。	A 研究職です。大学で学んだことを生かして、生物に適した環境で生物生産を行い、食料としてだけでなく医薬品や工業原料の活用を研究したいです。⚠
Q 自分をアピールして下さい。	A 部活動で鍛えた、最後まであきらめない精神力です。

先輩から一言 穏やかなムードで、面接というより会話みたいでした。志望理由はしっかりと具体的に述べた方が良い。この大学にしかないもの、この大学だからこそできることをしっかり言った方がいい。新聞や本もたくさん読んだ方が話がまとまります。

Comment 大学の公開講座に参加して意欲をアピール

　大学の公開講座は、受験大学が設定した講座でなくても十分アピールするに足るものだといえます。高校生で公開講座に参加するということは、少なくとも、これは面白そう、と考えてのことであり、それは大学に入る意欲として十分に評価されてしかるべきです。また、理系の場合、卒業後の進路が問われたときには「大学院進学」と答えるのが非常に自然です。研究職というのもまた自然な進路です。このあたりは、理系特有の現象ですが（法学部や経営・商学部でも最近増えていますが）、知っておくべきことでしょう。

実例㉑ 地球環境科学部 環境システム学科 フィックスコース 推薦

|試験年度| 2002年度 |形態| 公募／専願
|必須評定平均| 3.5以上
|その他出願条件| 数学Ⅱ・Bを勉強してくるのが望ましい
|学科試験| 無 |小論文・作文| 時間：60分　字数：800字
|面接試験| 時間：10分　形式：個人②（面接官2人×受験生1人）

面接官（質問内容）	受験生（質問への回答、面接官の反応など）
Q では、志望理由を話して下さい。	A 実は自分は以前中学のとき、酸性雨について研究し、論文をまとめました。それはそれなりの評価を受け、鈴木梅太郎賞と山崎賞を受賞することができました。これをきっかけに環境問題に興味を持ち、高校でも活動したいと思いました。しかし○○高校にはそれを可能とする組織はなく、部を作って活動しようとしましたが同志も集まらず未練を残してしまいました。そして志望大学は環境問題に関わる学部のある大学と心に決めました。環境と名のつく大学を情報誌で全てピックアップしました。が、ほとんどお門違いでした。⚠
Q !?（笑）、インターネットは使わなかった？	A はい、それで自分は一口に環境といっても多くの意味の環境があることがわかりました。自分の学びたい環境、すなわち環境問題を取り扱う学部のある私立大学は少なく、試行錯誤したものの、最終的に○○大学にたどり着きました。この大学を調べてみたところ、ここなら専門的な知識、考え方を取り入れられる、自分の探求心、好奇心を正しい方向に導いてくれると確信し、○○大学を志望しました。
Q 中学のときにどんな研究を？	A はい、まず酸性雨を知ることから始めました。そして土壌、植物、建造物への影響、酸性雨の原因となる汚染物質の測定などを調べました。一言で言うなら、酸性雨に関しての身近な環境モニタリングといったところです。
Q あなたは情報処理部でどのようなことをしましたか。	A ワープロを少し覚えてからインターネットでいろいろな事を調べたりしました。

Q （様々な環境問題の書かれた札を渡して）これ（熱帯林の減少）についてあなたの意見を聞かせて下さい。	A 熱帯林の減少も深刻な環境問題の一つです。多くの生物の住みかを奪い、生態系を大きく狂わせます。CO_2の増加の原因ともいわれています。これらのことから自分たちは熱帯林を伐採する人々＝悪者ととらえがちですが、彼らは彼らの生活の豊かさのために働いています。それを図々しく木を切るななどと言えはしません。熱帯林をはじめとする地球環境を改善するにはまずその土地に住む人々の生活への考慮も重要だと思います。
Q 生物を勉強した上で、熱帯林とはどのようなものですか。	A 多くの種の生物が住み、多種多様な生態系を形成しています。また総生産量はとても高いと思います。
Q 酸性雨を測定したみたいだけど、君の家の周辺はpHで強くてどれくらいの雨が降りましたか。	A 最も強かった雨はpH3.6程度だったと思います。
Q そうですか、都会の方では、3.4とか降るんですよ。では終了です。	

先輩から一言　学部にもよるが基本的に月並みな質問と各々の学部の専門的なことを聞かれるので、正しい知識を身につけながら時間的余裕をもって練習に取り組むべき。

Comment 研究テーマのレポートを同封→面接でアピール

　高校時代に何か研究テーマを設定し、ずっとそれに取り組んできた、とアピールすることは相当な好印象を与えます。その研究テーマが志望学部・学科に連なるものであれば、もう何も文句はありません。ただし、その研究レポート（芸術作品ならば写真でも可）を、志望理由書を提出する際に（頼まれなくても）同封し、自分の歩んできた跡をきちんと見せる必要があります。同封し忘れると、面接の際に自分の口で説明することになり、結構これが支離滅裂になったりするので注意を要します。

実例㉒ 歯学部　歯学科　推薦

- 試験年度：2002年度
- 形態：公募／専願
- 必須評定平均：3.7
- その他出願条件：英・数・理、3科目の平均評定3.7
- 学科試験：無
- 小論文・作文：時間：90分　字数：600～800字
- 面接試験：時間：5～10分　形式：個人②（面接官3人×受験生1人）

面接官（質問内容）	受験生（質問への回答、面接官の反応など）
Q　あなたの住んでいるところはどんな場所ですか。	A　自然の多いとてもよいところです。
Q　名産品は何ですか。	A　田んぼやトマトが有名です。家の周りは田んぼだらけです。
Q　歯科医師になるのはつらいですが、大丈夫ですか。	A　ハイ。大丈夫です。
Q　最近の若い子たちは茶髪が多いですが、あなたの学校では何％くらいですか。	A　ハイ。40％くらいです。
Q　では、あなたはそれについてどう思いますか。	A　ハイ。いけないと思います。学校というところは勉学やルールを学ぶところだと思うので、社会に出てからやればいいと思います。
Q　なぜ歯科医師になろうと思ったのですか。	A　ハイ。私は以前、歯科医師は患者さんの歯を治療するだけが仕事だと思っていました。しかし、苦痛の表情で来院した患者さんが治療後「笑顔」で帰る姿を見て、歯科医師は「笑顔」をつくる仕事だとわかり、私も「笑顔」をつくっていきたいと思い、歯科医師になろうと思いました。
Q　（小論文の内容について）命を預かる職業とありますが、なぜ歯科医師なのですか。バスの運転手もそうだよねー。	A　ハイ。たしかにそうですね。しかし、私は食生活など物を食べるといった生きる上で大切なことを守っていきたいからです。

> **先輩から一言** 意外なことを聞かれることがあるので、幅広く対策を!! 周りの人もすごく緊張しているので、雰囲気にのまれないように、周りの人を見られるくらいの余裕があるとBestですね。

Comment 面接官の怒り、喜びには理由がある

　いい加減な志望理由書を書いて出した人は、面接官は半怒りで面接もいい加減、ということをしばしば経験します。逆に、面接当日に非常に説得力のあるプレゼンをしたならば、師弟関係が本当にその日からスタートしてしまったりします（絶対落とさない）。それ故に、面接官の怒りや不機嫌には理由があり、喜びや笑顔にも理由があるといえます。とすると、ある意味、面接試験は早い順番でさっさと済ませた方が微妙に有利かもしれません。出願順に受験番号が割り振られるならば、後ろの方は駆けこみ出願の受験生が多く、面接官をがっくりさせやすい人たちが密集している可能性があるからです。

実例❷ 薬学部　推薦

|試験年度| 2002年度　|形態| 指定校／―
|必須評定平均| 4.0以上　|その他出願条件| 特になし
|学科試験| 無　|小論文・作文| 無
|面接試験| 時間：20分　形式：個人②（面接官2人×受験生1人）

面接官（質問内容）	受験生（質問への回答、面接官の反応など）
Q では、ありきたりですが、薬学・本学を志望した理由と、何か自己アピールがあれば、言って下さい。	A 私は将来、薬剤師になり、薬剤師という立場で、医療福祉に貢献していきたいと思い、薬学を志望しました。具体的には、人の痛みを取り除いてあげたいという思いがあります。また、○○大学を志望したのは、伝統・薬剤師国家試験での高い実績・緑に囲まれて勉強に適した環境など、様々な魅力があるからです。中でも、私は「ブロックカリキュラム制」を設けている点に、特にひかれました。というのも、入学当初から学科に分けず、薬学の基礎を1つ1つおさえていけると思うからです。（以下、自己アピール）私は物事や人を観察することが好きです。そして、さらに考えて、推測し、真理を追求していきます。このような性格を、薬学を学ぶ上で生かしていけると思っています。⚠
Q 大学に入ったら何をしたい？	A 第一に、薬剤師国家試験で一発で合格するように、一生懸命勉強したいと思います。勉強だけでなく、体を動かすサークルに入り、楽しく活動していきたいと思っています。
Q 遠距離通学をしていたらしいけど、JR？　どのくらいかかってたの？	A はい、JRで1時間半です。朝は4:30に起きています。
Q 委員会を色々してるみたいだけど、どんな活動をしてたの？	A 新聞委員では、部活動で活躍した人にインタビューして記事を書きました。決められた枠内で文章をまとめるのが大変でした。アルバム委員では、クラスの意見を集計して写真撮影の場所を決めたり、構図を担当しています。

Q 調査書をみると、勉強頑張っているみたいだけど、国語と地理は少し良くありませんね。苦手なの？	A ハイ、少し苦手です。
Q 読書は好き？	A 元々、あまり好きではなかったのですが、好きな作家に出会い、山田詠美さんなんですけど…。
Q ああ…山田詠美ね。	A …それから本を読むのが好きになり、特に、山田詠美さんの本をよく読んでいます。
Q 国語力ってのはとても大事だから、入学までの間にたくさん文章を読んでみて下さい。	A はい。
Q もし合格したら、入学までだいぶ時間があるけど、その間何をしようと思ってますか。	A 高校のカリキュラム上、化学と生物しか学んでいないので、物理を勉強しようと思っています。また、機械に弱いので、コンピュータを扱えるようになっておきたいと思います。
Q 物理は大学でもやるけど高校の教科書程度はできるようになっておくといいよ。	A （その後、アドバイスの時間が多く、聞く時間が長かった。面接時間は20分と決まっているが、15分で終了した。）

先輩から一言 緊張しすぎると何も言えなくなるので、前々から先生方に練習をさせてもらうと良い。実際は落ち着いた穏やかな面接なので、気持ちを落ち着けた方が得。

Comment 大学側の意向を汲む作業も必要

　正直、あまり心打たれる実例ではありません。しかし、これは指定校推薦を受ける受験生のもので、ある意味、指定校推薦の面接ならばこの程度でも十分だということです。ただし、なぜその学部・学科か、なぜその大学か、そして将来像（国家試験一発合格を宣言しているところ）、高校生活についてはオーソドックスにまとめるべきで、この実例ではそれが十分に達成されているといえます。あまり無理をして変な方向にいくのもどうかと思うので、とりわけ何がどの程度求められているのか、大学側の意向を汲んでいく作業も同時に必要となります。

実例㉔ 医学専門学群　推薦

試験年度 2001年度　形態 公募／専願
必須評定平均 4.3　その他出願条件 特になし
学科試験 時間：120分×2　教科：英・数・物・化　小論文・作文 無
面接試験 時間：15分（1回目）、3分（2回目）
　　　　 形式：個人②（面接官3人×受験生1人）

面接官（質問内容）	受験生（質問への回答、面接官の反応など）
1回目	
Q 医師志望理由は？	A 中1からサッカー部に所属し、病院に通うことが多く、次第に医師への尊敬が高まりました。決定的な動機は医師の特異性で、医学的知識・技術をもって患者さんに応用することで、病気の予防・治療・カウンセリングができるのは医師だと思ったからです。
Q 高校での部活について教えて下さい。	A 中1からサッカー部に所属し、5年間通してレギュラーとして活躍し、○○地区選抜にも選ばれました。協調性・リーダーシップの重要性を学びました。
Q 研究と臨床、どちらがしたいですか。	A 研究です。遺伝子治療の研究を志しています。
Q 遺伝子治療の具体的に何をしたいですか。	A ベクターの研究です。⚠
Q そのことについて何か調べましたか。	A はい。現在、遺伝子治療の際にベクターの毒性が現れずに、患者の細胞に遺伝子を組み込めるようなベクターが不足していると聞いているので、毒性が現れないようなベクターを発見したいです。
Q 高校の実験で印象に残ったことは？　またその実験で得たことは？	A カエルの解剖の実験です。教科書や授業だけでは学べないような生物の生物らしさを学びました。
Q 自由研究をしたようですが、どんなことをしましたか。	A 中1から3年間、同じテーマを研究し、学校から高い評価を受けました。国産旅客機の開発に関わる研究で、研究の仕方や、研究者の心構えを学びました。
Q 遺伝子治療の問題点は？	A やはり、優生思想が生まれてきてしまうと思います。個人の最大の情報である遺伝子情報をすべて解読してしまうことで、社会的な差別も受ける可能性もありますし、知る権利・知らない権利の問題も出てくると思います。また、そのことを商売にする人も出てくると思います。

Q 研究が実を結び、患者の役に立つことは少ないと思いますよ。	A はい。中1から5年間サッカーを続けたので忍耐強さは自信があります。
2回目	
Q 英語ができるようですが好きなのですか。	A はい。学校での成績もいいですし、好きです。英語を使ってコミュニケーションをとれることに最大の能力があります。
Q コミュニケーションはとれるのですか。	A はい。高2のときに留学を希望して、そのために英会話などを勉強したので、片言ですが、話せます。
Q 何か医学的に興味をもっていることはありますか。	A はい。遺伝子治療の研究に特に興味があるのですが、中でもベクターの研究に興味があります。毒性があらわれないようなベクターを発見したいです。
Q YS-11の研究をしたようですが。	A はい。純国産旅客機で、中1から同じテーマに取り組みました。研究のしかたや、心構えを学びました。
Q 私はゼロ戦が好きで、アメリカまで見に行ったんですよ。	A そうですか。第二次世界大戦のときのことから現在の飛行機のことについて調べました。今、ゼロ戦は日本にもあるようです。
Q 前日の試験はどうでした？	A 英語はできたように思うのですが、学校で物理を選択していないので、物理はできませんでした。貴校に入学できたら、入学までに勉強します。

先輩から一言 聞かれる内容の答えを考えるより、自分のアピールしたいことを考えるといいでしょう。ただし、基本的質問（本学志望理由）などは、何度も暗唱するべきです。

Comment 難関大では豊富な知識が要求される

難関国立大学の医学部系統の実例を見てもらいました。ちょっとすごい受け答えになっています。何しろ取り組みたいテーマが「ベクター」で、医学以外の受け答えでも相当の知識の豊富さが伝わってきます。ただ面白いのは、これだけしゃべることができる人が、志望理由の暗記を勧めている点です。すでに暗記というレベルの受け答えではないので、真意は不明ですが、もしかすると簡単な問いに対する短い答えの暗記は、心が落ち着くという程度の効果ならばあるかもしれません。

実例㉕ 医学部　保健学科　推薦

試験年度：2002年度　形態：公募／専願
必須評定平均：学年で上位1／4以上　その他出願条件：特になし
学科試験：無　小論文・作文：時間：90分　字数：600字
面接試験：時間：15分　形式：個人②（面接官3人×受験生1人）

面接官（質問内容）	受験生（質問への回答、面接官の反応など）
Q　推薦書によると○○さんはよく学校の先生のところへわからないことを質問しにいくそうですがなぜ？	A　はい。私は数学が特に苦手なんです。でもわからないことはきちんと理解したいからです。それに学校の先生は大変丁寧に教えてくださるからです。
Q　臓器移植についてどのように考えていますか。	A　はい、私は臓器移植に賛成です。脳死患者は呼吸器を外してしまえば死に至るわけですから、脳死を死と認めて良いと思うからです。ただドナーの家族への適切な精神的ケアは大変重要なものだと思います。⚠
Q　○○さんはドナーカードを持っているの？　親は賛成しているの？	A　はい。持ってます。親の承諾も得ています。
Q　○○さんは親の臓器を提供できる？	A　そのような時にはきっと動揺すると思いますが両親の臓器で何名かの延命処置ができるのなら提供します。
Q　○○さんはすごく明るい性格のようですが、悲しいときはどうやって解決するの？	A　はい。気の済むまで泣いて、星を見ます。（って言ったら大爆笑されました。ついでに「金沢は星が見えにくいのよ〜」と言われました。）
Q　自分の長所と短所は？	A　はい。長所は、与えられた仕事に対し責任を持ち、きちんと最後までやり通せることです。（ここで生徒会の仕事を例に挙げました。）短所は、少々気が短いことです。 （って言ったら「あっははー、そんな風に見えないわ」と言われまた大爆笑…。）
Q　将来の抱負を教えて下さい。	A　はい。私は将来、訪問看護婦として在宅ケアを支援していきたいです。

先輩から一言　新聞を読みましょう。面接は笑顔が大切です。

Comment　考えるだけでなく行動で志望を具体的なものに

「ドナー家族への適切な精神的ケア」という意見は、何か調べない限り、なかなか出てこない答えです。また、ドナーカードを持っていたりと、面接官の質問に非常に的確に答えていることがわかります。よく考えてみれば、調べたり、ドナーカードを持ったりすることは、やはり行動することなのです。空想的に志望を考えるのではなく、空想的な志望を行動で具体的なものに変えていくというのは非常に大切なことで、この受験生はそれが十分にできていることが伝わってきます。

実例㉖ 医学部　保健学科 看護学専攻　推薦

[試験年度] 2001年度　[形態] 公募／専願
[必須評定平均] 4.0　[その他出願条件] 特になし　[学科試験] 無
[小論文・作文] 時間：180分　字数：300字／200字／400字／200字×2
[面接試験] 時間：20分　形式：集団①（面接官3人×受験生2人）

面接官（質問内容）	受験生（質問への回答、面接官の反応など）
Q なぜこの学科を志望したのですか。	A 看護婦になりたいからです。チーム医療などに魅力を感じたし、先生もすごいからです。
Q どんな看護婦になるつもりですか。	A 患者の気持ちになって、おかしいと思うことはすぐ医師に言えるような看護婦になりたいです。
Q あなたにとっての友人とはどういうものか。また、利点と欠点を教えて下さい。	A 類は友を呼ぶと言うように、深くつきあえる人は自分と似ているところも持っていると思うので、自分を知り、成長できると思います。長所はやるべきことは最後までやる。短所は人に流されやすいことです。
Q 高校生活で感動したことは何ですか。	A 部活動でのことです。みんなの力を合わせて1つのことをやって成功したときの喜びを知りました。
Q 最近の医療問題についてどう考えているのですか。	A 医療ミスが続いていますが、人の命を預っている仕事なので、犯した後に言い訳を言っても仕方ないし、絶対にあってはいけないことだと思います。充分注意しなくてはいけないと思います。
Q 団体行動において必要だと思うことは何ですか。	A 個性を出しすぎず、人に合わせられる器量があり、またリーダーシップをとれる人がいることです。

先輩から一言 形式的なことしか聞かれないので練習していけば大丈夫だろう。一言のみで答えない方がいい。つまらないことをいうと面接官もつまらない顔をする。ひきつり笑いをしたりしていたので、失敗するとすぐわかる。

Comment 恐がらず、早く過去の問題、データを見る

　読んでみるとわかりますが、面接では常に何か特別なことを聞かれるというわけではありません。面接重視型の社会人入試、学士入学などを除けば、これは医療系の面接の一つの特徴でしょう。それ故、大切なのは面接以外の課題で、小論文や英語の特徴を的確に見抜き、対策をしっかり立てねばなりません。特に英語は、医療系の場合、学部に密着した内容の長文が出ていることが多く、これは大きな着眼点になります。恐がらず、早く過去の問題、データを見る、というのは受験に必須の発想です。

実例㉗ 看護学部　推薦

試験年度 2001年度　形態 公募／専願
必須評定平均 学業成績優秀者　その他出願条件 特になし
学科試験 時間：90分　教科：総合問題　小論文・作文 無
面接試験 時間：10分　形式：個人②（面接官2人×受験生1人）

面接官（質問内容）	受験生（質問への回答、面接官の反応など）
Q　総合問題はできましたか。	A　はい、頑張りましたが、時間配分が上手くいかず、納得のいくようにできませんでした。
Q　そうですか。それでは○○さんはなぜこの学部を志望されたのですか。	A　はい、幼い頃から人と接することが好きで、将来は人と関わる職業に就きたいと考えていました。祖母の闘病生活や母の仕事の影響を受け、自ら看護体験に参加し、看護婦になることを決意したので、この学部を志望しました。
Q　○○さんはオープンキャンパスに参加されたのですね。	A　はい、参加しました。
Q　どういうふうに感じましたか。	A　はい、設備や環境が整っていて驚きました。
Q　生徒会長をしていたのですね。	A　はい。
Q　部活も弓道部だったのですね…。じゃあ、人前で話すのは慣れてますね。	A　はい、生徒会長をしたことで、最初の頃よりは慣れました。
Q　生徒会長をしたことで苦労などはしなかったのですか。	A　はい、苦労もしましたし、たくさん悩みました。
Q　そういうときには誰に相談していましたか。	A　はい、自分のことをわかってくれている友達や他の生徒会の人に相談していました。
Q　何人ぐらいいるんですか。	A　はい、友達はたくさんいますが、信頼していて、自分をさらけだせる友達は3人です。
Q　その友達とはどれくらいの期間つき合っているのですか。	A　はい、1人は中学校からの友達で、2人は高校からの友達です。
Q　○○さんは将来どういったところで働きたいですか。	A　はい、大きな総合病院で働きたいです。
Q　そこでどのような立場で働きたいですか。…助産婦や保健婦といったような。	A　はい、子供が好きなので、小児科で看護婦として働きたいです。

Q ○○さんの趣味は何ですか。	A はい、スポーツをしたり、見ることです。
Q どういったものが好きですか。	A はい、バレーボールを見るのが好きです。
Q ○○高校は進学校ですか。	A はい、進学校です。
Q それじゃあ進学する人ばかりですか。	A はい、ほとんどの人が進学をします。
Q そうですか。○○さんは、うちの大学の推薦をこうして受けられていますが、自分から先生に頼んだのですか。	A はい、そうです。
Q 他にライバルはいましたか。	A はい、ライバルがいたかどうかはわかりませんが、校内推薦が決まったときに担任の先生から「頑張れよ」とひとこと言われました。
Q （笑いながら）それじゃあ、○○さんが○○高校を背負っているのですね。	A （笑いながら）そうですね。
Q 入学したら頑張りましょうね。	A はい。
Q 最後に、○○さんは入学したら何かしてみたいことはありますか。	A はい、障害者の方たちとも交流したいので手話や点字を勉強したいです。
Q それは、今までに経験したことがあるのですか。	A はい、手話クラブに入ったり、聾学校に行ったりしました。
Q そうですか。それじゃあ今日はお疲れ様でした。	A ありがとうございました。

> **先輩から一言** とにかく落ち着くことが大事だと思う。そのために、練習を前もってすることは重要だと思いました。練習は、たくさんの人がいるところでして、悪いところを注意してもらうと、上達も早いし、自信もついていくと思います。

Comment 練習をどんどんして、場慣れ、人慣れしておく

　これも良い意見が挙げられています。今も昔も受験生といえば、十分に対策が進むまで自分の成績を見せたり、成果を見せたりすることを嫌うものです。模擬試験を一向に受けようとしない受験生というのは、典型的にこのタイプです。しかし、面接対策は準備不足の段階からたくさんの人の前でどんどん練習するべきです。場慣れ、人慣れするためには何より数をこなすことで、失敗を恐れない気持ち、あるいは実際に失敗そのものをたくさんしておくことは大変有意義な準備になります。

実例 ㉘ 医療技術学部　感覚矯正学科 言語聴覚専攻　推薦

[試験年度] 2002年度　[形態] 自己／専願
[必須評定平均] 特になし　[その他出願条件] 特になし
[学科試験] 時間：40分　教科：英語　[小論文・作文] 時間：40分　字数：500字
[面接試験] 時間：20分　形式：集団①（面接官6人×受験生6人）

面接官（質問内容）	受験生（質問への回答、面接官の反応など）
Q　あなたの理想の言語聴覚士像は？	A　相手のことを理解した上で自分が話すようにし、どんなに時間がかかっても根気強く治療できる言語聴覚士が理想です。
Q　人間とはどのようなものだと考えますか。	A　1人では生きられない生物だと思います。隣の人や周りの人と協力して生きていくものだと思います。
Q　患者さんと家族と意見が違った場合はどうしますか。	A　患者さんの意見を尊重します。
Q　はじめて医療と福祉の両方がついた大学ができたことに対してどう思いますか。	A　すばらしい大学だと思います。

[先輩から一言]　長く話していると面接官の顔がこわくなっていたので、できるだけ簡潔に短く言った。そして、他の人が話しているときは、常にうなずきながら聞いていた。

Comment　短く簡潔に答えながら相手の突っ込みを待つ

　答えは短くていねいに、これは面接のコツの一つです。いくら自分が考えてきたことだからといって、聞き手を無視して一方的に長々と話していては印象を悪くするばかりです。ここにも暗記の欠点が見られます。印象を良くするには、短く簡潔に答えながら相手の突っ込んでくるポイントを待つことです。そこで話題を広げて、じっくり話をする機会が生じれば、笑いや和やかさも生まれてきます。対策をしっかりすればするほど説明したくなるものですが、ここはじっくりがまんしたいところでもあります。

実例㉙ 食品栄養科学部 栄養学科 推薦

試験年度 2002年度　**形態** 公募／専願
必須評定平均 全体が4.0以上で、かつ理科及び外国語がそれぞれ4.3以上
その他出願条件 静岡県の高校を卒業見込みの者
学科試験 時間：90分　教科：化学　**小論文・作文** 無
面接試験 時間：10分　形式：個人②（面接官4人×受験生1人）

面接官（質問内容）	受験生（質問への回答、面接官の反応など）
Q 志望理由書を書いてありますが、もう一度、志望理由を改めて聞かせて下さい。	A 私は将来、管理栄養士の資格を取得し、医療の現場で多くの人を「食」の面からサポートしていきたいと思っています。今、私は健康に生きていますが、世の中には病気で苦しんでいる人はたくさんいると思います。そのような人たちの苦しみを少しでも和らげられるような職業に就きたいと思っています。食事というものは、食事をする人が変われば適した食事内容も変わってくるし、生活にとても密着したものだからこそ、その人たち1人1人についてよく考えてあげなくてはならなかったり、様々な場面に対応できる能力が必要だったりと、大変なこともたくさんあると思います。それでも、その壁を乗り越えて、私は多くの人の役に立ちたいと思っています。また、私は理系科目が得意で、その得意分野を生かし、私が将来、目指している医学的な面から「食」について学べるのは○○大学しかないと思い、志望しました。
Q 自己アピールをして下さい。	A 私は、一度自分で決めたことは、最後までやり抜くという気持ちで、物事に取り組んでいます。好きなことについても、いろいろと努力してきましたが、苦手なことでも、投げ出さず、全力で取り組むという姿勢が、いろいろな場面で私を支えてくれてると思います。高校生活では、特に勉強面に力を入れていて、わからないことがあったときは、友達に教えてもらったり、先生に積極的に質問へ行ったりして、少しずつ解決してきました。そのような小さな積み重ねがあったからこそ、3年間の成績は常に良い結果を残すことができたと思っています。この性格を生かして、大学生活も、より充実したものにしたいです。

Q 最近、感謝したことを聞かせて下さい。	A 私が、この推薦入試を受けるにあたって、友達がすごく応援してくれて、本当に、それに支えられて頑張ってこれました。友達からの励ましの手紙を読んだとき、とても感動して、やはり友達は大切だし、私も友達を励ますことができるようにしたいと思いました。今はとにかく応援してくれたみんなに、感謝の気持ちでいっぱいです。
Q 今も少し感動したという話が出ましたが、最近、他に感動したということはありますか。	A 感動したというのとは少し違うかもしれませんが、少し前に祖父が病気で入院してしまって、病気のために、消化がうまくいかずに、普通の食事ができないときがありました。そんなとき、祖母が入院中はもちろん、退院後も、祖父のことをサポートしている姿を見て、感動しました。退院してすぐのときはまだ、普通に食事をすることができなかったので、食事についても、祖母がすごく気を配り、的確な判断をしていたので、今は祖父も元気になり、私はとても安心したのと同時に、祖母の力の大きさを知りました。
Q 理系科目が得意と言っていましたが、特に、何が得意ですか。	A 数学が得意です。
Q 大学では、理科の化学や生物が特に重要ですが、それらはどうですか。	A 化学も、とても好きで、夏休みからずっと、特に力を入れてきた科目なので、得意な科目です。
Q 化学も得意ということですが、午前中に行った化学のテストは、どうでしたか。自己採点ではどんな感じですか。	A とても緊張してしまっていて、自分の本来の力が出せませんでした。基本的な問題も間違えてしまって、あまりできませんでした。
Q 少し意地悪な質問ですが、事前に提出してもらった志望理由書は、先生に考えてもらったの？	A 誤字などをチェックしてもらうために、読んでもらいましたが、その先生は、国語の先生でしたし、栄養について専門的に知っているわけではなかったので、内容については特に指導してもらわず、自分で考えました。

Q 「医学的な面から学びたい」と志望理由書に書いてあるけど、そう思ったのはどうしてですか。	A 今は食生活と深く関係する病気も増えて、それを防ぐにはやはり、医学的に食を学び、食事を改善する必要があると思います。それから、すごく昔ですが、私も入院した経験があって、やはり、そのときは、とても苦しかったので、そういうときの苦しみを少しでも減らしてあげたいという思いがあったからです。⚠
Q そういう医学的なことからだったら、看護婦でもよいし、医者でもいいのに、どうして栄養を選んだのですか。	A 「食」というのは、とても生活に密着していて、日々の生活をしていて栄養に興味を持ったということと、私は以前からとても「食」について興味を持っていて、自分自身、すごく食事をすることが好きなので、自分の食事を考えているうちに、こちらの方面に進みたいと思いました。
Q よく、偏差値で大学を決めたりするけど、偏差値ではなく、自分の意志で栄養を選んだの？	A はい、自分の意志で選びました。

先輩から一言 専門的なことは聞かれず、面接官の方も優しそうだったので、落ち着いてできると思います。自分の考えをしっかり持っていれば、何を聞かれても自分の思ったように答えればよいのだから、自分の考えを持つことが大切だと思いました。また、志望理由書の内容についてよく聞かれるので、志望理由書の内容はよく考え、事前にしっかり目を通しておくとよいと思います。⚠

Comment 最も難しく大切なのが、自分の考えを持つこと

　自分の考えを持つこと、これは最も難しいことですが、公募制推薦・AO入試対策をしていく中ではとても大切なことです。それも最初から持っているものではなく、対策をしているうちにだんだん明らかになったこと、考えが変わったことなどが大きな拠点になります。面接対策は一面で自分を掘り下げることなので、そこで自分の考えが姿を現しはじめたならば、それは最高のことだといえます。この実例でも、「管理栄養士」をかなり変わった角度からとらえ直していることがわかります。

実例㉚ 家政学部 生活造形学科　推薦

|試験年度| 2002年度　|形態| 指定校／専願
|必須評定平均| 3.8以上　|その他出願条件| 特になし
|学科試験| 無　|小論文・作文| 無
|面接試験| 時間：5分　形式：個人②（面接官2人×受験生1人）

面接官（質問内容）	受験生（質問への回答、面接官の反応など）
Q　志望理由を話して下さい。	A　私は将来、インテリアコーディネーターになりたいという夢があります。インテリアコーディネーターは、カーテンやカーペットなどを使いこなすだけでなく、依頼人の理想とする空間を実現するために、自分自身、豊かな人間性を持っていなければならないと考えました。貴学は仏教教育が全学的な体制で行われています。そこで、仏教学を学び、自分自身の心を磨きたいと考えました。仏教の世界観に触れることで豊かな人間性を養い、生活造形学科での日々の勉強で専門知識を身につけ、夢を実現するために、努力したいです。また、春になると女坂の桜が満開になり、とてもきれいだと聞いたので、来年は○○大学の学生として、その下を歩きたいと思いました。
Q　どのようなインテリアコーディネーターになりたいですか。	A　インテリアの分野だけでなく、様々な勉強をし、情報収集などにも積極的に取り組みたいと思っています。また、依頼人の価値観や考え方にそった上で、話を進めて、納得のいく空間を作れるようにお手伝いしたいです。そして、信頼の厚いコーディネーターになりたいと思っています。
Q　私の知り合いに、最近、両目が見えなくなった人がいるのだけど、そういった障害を持った人たちにあなたがその職業に就くことで何かできることはあると思いますか。	A　私は吹奏楽部の活動で病院や老人ホームなどを訪ね、演奏会を行ったことがあります。その中で障害のある方と話す機会がありました。私は自分が何も不自由がないため、その方々と話してたくさんのことを改めて実感しました。最近バリアフリーという言葉を耳にしますが、やはり全てがそうというわけではありません。インテリアコーディネーターとして相手の立場や気持ちを考えるという基本を忘れず、障害のある方でも安心して暮らせる空間を作るお手伝いはできると思います。

Q 合格したら、京都での生活はどうしますか。	**A** 両親から1人暮らしの許可を得ているので、大学の近くで下宿を探すつもりです。2年前から1人で生活しているので、両親も心配はないと言ってくれています。
Q あなたの高校について教えて下さい。	**A** 来年100周年を迎える、中高一貫教育の女子校です。"健康な身体と洗練された知性を持つ情操豊かな近代女性を育成する"を教育目標としています。中学1年では、近代女性として礼儀作法を身につけるための礼法という授業もあります。また部活動も盛んで、文化部・運動部とも全国レベルで活躍しています。⚠

先輩から一言 自分が将来就きたい職業については詳しく調べておいた方がいいと思います。

Comment 自分の高校に関する質問に答えられるか

　知っているようで意外に知らないのが自分の高校ネタです。創立何年、校訓、特徴、進学率（←本当によく聞かれる）などは、あらかじめ調べておいた方がよいでしょう。特に、地元以外の大学を受ける人は、まず聞かれると考えておいた方が無難です。マニアックな部分まで調べる必要はありませんが、少なくとも上記4点については知っておきましょう。最近の高校生は、自分の学校の進学率、進学実績をはっきり知らない人も多いので気をつけて下さい。こういう質問は、突然襲ってきて受験生をびっくりさせるものです。

巻末付録① 答えられなかった質問シート

ページ	質問内容

第5章「面接試験実例集」の中で、この質問は今の自分には答えられない、と感じたものを書き写して下さい。

今後の対策

巻末付録② *Good Answers* シート 9

ページ	質問内容

第5章「面接試験実例集」の中で、この返答は感動的だ、と感じたものを書き写して下さい。ページと簡単な内容だけを書きこめば十分です。くれぐれも暗記しないようにして下さい。

質問への回答、感想

おわりに

　身だしなみを整えていったら、目の前の教授は不潔だった。敬語でハキハキ調子よく答えていたら、鋭い突っ込みがあり、その後は黙ってしまった。茶髪をわざわざ黒髪に戻していっても、結局不合格だった…。

　ここにある失敗は、とにかく外面を整えることを第一の価値としていることです。もちろん外面を整えることは大切ですが、外面だけを整えたとして一体どんな価値があるのでしょう。

　数百万円のお金を投じて学ぼうとしているにもかかわらず、自分が何に適し、何をやりたいのか考えずに大学に入学する人が、この国には明らかに多過ぎます。そして、進学について深く考えないまま、たとえば推薦入試を受けるならば、そのとき、ふと浮かぶのが外面を整えればいいという単純な発想です。当たり前のことですが、大学入試は高校入試とは違うものなのです。当然、外面にも気を使うべきでしょうが、それ以上に大切なのは「語るべき実質」を持つことです。すなわち、それは「大学に入った後、一体何に取り組むのか」という問いに対して明確に答える体勢を作るということです。

　本書の「面接試験実例集」を読むとよくわかりますが、複数の受験生が「暗記はするな」と述べています。私もそう思います。答えなど暗記していっても、さらなる突っ込みがくれば表面的な思考はそれでアウトです。そんなものには、おそらく何の意味もありません。

　そして、だからこそ「実例集」で取り上げられている「勇敢」な受験生たちの記録を繰り返し読んでみて下さい。そこには、偏差値で計られる力とは異なる、個々それぞれの力量が、見事に表現されているといえます。

高倍率の公募制推薦入試を勝ち抜いた受験生、面接試験を有意義に乗り切った受験生たちの記録を読むと、不思議と誰もが同じようなことを述べているのに気づきます。それは、堂々と語ったり、上手に語ったりすることではなく、素直に自分の考えを述べることの大切さ、そして素直な自分とはどういう存在なのか考える大切さ、それらと向き合ったかどうかに行き着きます。

　ならば一つ警告です。もしかすると、本書の「実例集」の答えを丸暗記する受験生が出てくるかもしれません。このような本の宿命として、それは避けられないことかもしれません。しかし、そこには大きな落とし穴が用意されています。表面的なマネなどフェアではない、という発想以前に重大な罠が待ち受けているのです。

　たとえば、あなたは本書をどこの書店で見かけましたか？　本書を見かけた書店が大規模書店で、しかも本書が売場に目立つように山と積まれていたとしたら…大変です。それはつまり、たくさんの受験生が同じ情報に接しているということを意味します。ならば、学部・学科が重なると、せっかく暗記した答えを、別の受験生もそのまま使ったりすることがあるかもしれません。

　もちろん、試験会場に本書を読んだ人が「あなた」1人しかいないならばバレません。暗記していった答えは、良い返答として、十分に成立するかもしれません。しかし、同じ答えをする人が何人か集まったとしたら、その段階でさすがの面接官も気づくでしょう。すなわち、「きっとネタ元があるに違いない。彼ら(彼女ら)は、そのマネをしているに過ぎない」と。

　気づいた段階で、本当に泣かされるほどの勢いで「突っ込み」の嵐が襲来します。公募制推薦入試の面接で、厳しい突っ込みに耐えられず、暗記志向の受験生が泣かされて会場から出てくるという目撃例は、決して少なくありません。

結局、私がこの本で訴えたかったのは、学びの姿勢を組み立てる、その大切さです。学部・学科に関連する受験知識を詰め込むのはいつでもできます。しかし、あまりにも高額な費用を必要とする大学進学の現実、そして選ぶのは一度きり、それも18〜19歳でという現実を考えると、そこから出てくる結論は、がんばって知識を詰め込むということではなく、がんばって、本当にがんばって自分の進む道を選ぶことの大切さと向き合うということです。おそらく、小学校、中学校、高校と連なる教育の仕組みの間違いは、選ばせる前にむやみに暗記させる、歪んだ詰め込み主義にあるといえます。

　しかし、これを逆に考えれば、公募制推薦入試やAO入試、そして面接を課す大学を受けるということが、ある意味、自分を深く考え直すチャンスになるということです。自分は何学部を目指すべきか、という単純な問いと真剣に向き合うことは、おそらく英単語を2000個暗記するより大切なことです。

　ピンチはチャンス。今までやったこともない面接対策をしなければならないのは確かに危機ですが、それは真の自分と出会う扉の一つです。面接という機会を通して、「無理でも何でもとにかく考えて選べ」という状況が得られなければ、結局この難問は放置されたままで、大学入学後、卒業後、就職後に、改めて自分探しのあてのない旅に出ることになります。これは、あえて言うなら「悲惨」の一語に尽きます。

　近年の報道によると、大学新卒就職者の約30％が3年以内に仕事を辞めてしまうそうです。その主な理由は、「ここは自分の求めていた場ではない」というものです。当然のことですが、それは入る前にリサーチしておくべきことで、全く同じことが大学にも当てはまります。

やりたいことが変わっても構いません。困難で途中で挫折することもあるでしょう。しかし、18歳の段階で、しっかり何かを決めた人は、変えるときもしっかり変えることができます。真剣に考えて選び、決断することは、勇気を必要とすることですが、そこで失敗を恐れていては、どの大学に入るべきか、ということすら決められなくなってしまいます。そして、あてのない自分探しの旅に出るはめになってしまいます。大切なのは、「勇敢」な気持ちを持つことです。

　失敗や困難はあって当然、大切なのは、それを乗り越えていく気持ちです。私は本書の中で多くのことを提案してきましたが、その背後にあるものは、「勇敢」な受験生が、「勇敢」な社会人となり、それぞれの道でゆるぎのない人生を送ることができるように祈る、非常に単純な気持ちです。

　私は、小論文や志望理由書や面接の対策について講義する中で、ほぼ全ての受験生が、何かを真剣に選ぶことによって劇的に変わっていく姿を繰り返し見てきました。そして、そこには「学力低下」などというくだらない幻は、ひとかけらだってありませんでした。

　間違えているのは「私たち」であって、少なくとも「あなたたち」ではありません。だから、誰が何と言おうと、自分の可能性に目をつぶらず、重い扉を精一杯押して、自分の選んだフィールドで一生懸命にがんばって下さい。

河本敏浩

大好評発売中！ 究極の推薦・AO入試対策参考書!!

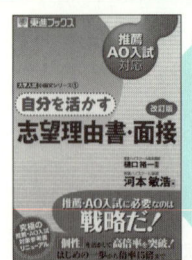

大学入試小論文シリーズ①　推薦・AO入試対応
自分を活かす 志望理由書・面接 [改訂版]

樋口裕一 監修　河本敏浩 著 (定価：本体850円＋税)

新しい入試の形態やその背景にあるもの、大学側の姿勢・考え方＝審査基準など、推薦・AO入試の全体像が一望できる１冊。受験生必読！

小論文対策ならこちら↓　書き方が基礎から学べて知識も身につく！

■大学入試小論文シリーズ②
推薦小論文10日間攻略[改訂版]

■大学入試小論文シリーズ③　難関大対策
短期完成！人文系小論文[改訂版]

■大学入試小論文シリーズ④　難関大対策
目からウロコの社会系小論文[改訂版]

■大学入試小論文シリーズ⑤　推薦・一般
正しい愛を考える看護・医療・福祉系小論文[三訂版]

大学受験
一目でわかる　面接ハンドブック

2002年7月5日　初版発行
2014年8月28日　第13版発行

著者●河本敏浩
発行者●永瀬昭幸
　　　（編集担当　中島志保）
発行所●株式会社ナガセ
　　　〒180-0003　東京都武蔵野市吉祥寺南町1-29-2
　　　出版事業部　TEL 0422-70-7456／FAX 0422-70-7457
カバーイラスト●KUNTA
カバーデザイン●On Graphics
本文イラスト●ツダタバサ
本文デザイン・DTP●パシフィック・ウイステリア
印刷・製本●図書印刷株式会社

©Toshihiro KAWAMOTO
Printed in Japan
ISBN978-4-89085-260-4 C7381

落丁・乱丁本は、小社出版事業部宛にお送りください。
送料小社負担にてお取りかえ致します。

東進ブックス

編集部より

この本を読み終えた君に オススメの3冊!

志望理由書ハンドブック

志望理由書の書き方がゼロからわかる！ 30部・学科の実例を通して学ぶ、はじめの一歩から完成までのプロセス。

自分を活かす 志望理由書・面接

高倍率を突破する戦略を伝授！ 志望理由書の典型例や個性を活かす情報収集法など、役立つ情報が満載!!

正しい愛を考える 看護・医療・福祉系小論文 三訂版

看護・医療・福祉系小論文でさらに必要となる専門知識、読解力、書き方を、1冊で完全攻略！
（添削課題つき）

体験授業

東進の実力講師陣の授業を受けてみませんか?

東進では有名実力講師陣の授業を無料で体験できる『体験授業』を行っています。
「わかる」授業、「完璧に」理解できるシステム、そして最後まで「頑張れる」雰囲気を実際に体験してください。

※1講座(90分×1回)を受講できます。
※お電話でご予約ください。
　連絡先は付録9ページをご覧ください。
※お友達同士でも受講できます。

東進の合格の秘訣が次ページに

合格の秘訣1 全国屈指の実力講師陣

ベストセラー著者のなんと7割が東進の講師陣!!

東進ハイスクール・東進衛星予備校では、そうそうたる講師陣が君を熱く指導する!

本気で実力をつけたいと思うなら、やはり根本から理解させてくれる一流講師の授業を受けることが大切です。東進の講師は、日本全国から選りすぐられた大学受験のプロフェッショナル。何万人もの受験生を志望校合格へ導いてきたエキスパート達です。

全国の受験生から絶大な支持を得る「東進ブックス」

英語

安河内 哲也 先生 [英語]
数えきれないほどの受験生の偏差値を改造、難関大へ送り込む!

今井 宏 先生 [英語]
予備校界のカリスマ講師。君に驚きと満足、そして合格を与えてくれる

福崎 伍郎 先生 [英語] 
その鮮やかすぎる解法で受講生の圧倒的な支持を集める超実力講師!

渡辺 勝彦 先生 [英語] 
「スーパー速読法」で、難解な英文も一発で理解させる超実力講師!

大岩 秀樹 先生 [英語]  
情熱と若さあふれる授業で、知らず知らずのうちに英語が得意教科に!

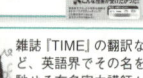

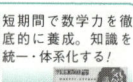

宮崎 尊 先生 [英語] 
雑誌『TIME』の翻訳など、英語界でその名を馳せる有名実力講師!

数学

志田 晶 先生 [数学] 
数学科実力講師は、わかりやすさを徹底的に追求する

長岡 恭史 先生 [数学] 
受講者からは理Ⅲを含む東大や国立医学部など超難関大合格者が続出

沖田 一希 先生 [数学] 
短期間で数学力を徹底的に養成。知識を統一・体系化する!

WEBで体験

東進ドットコムで授業を体験できます！
実力講師陣の詳しい紹介や、各教科の学習アドバイスも読めます。
www.toshin.com/teacher/

国語

板野 博行 先生 [現代文・古文]
「わかる」国語は君のやる気を生み出す特効薬

出口 汪 先生 [現代文]
ミスター驚異の現代文。数々のベストセラー著者としても超有名！ 

吉野 敬介 先生 [古文] <客員講師>
予備校界の超大物が東進に登場。ドラマチックで熱い講義を体験せよ

富井 健二 先生 [古文]
ビジュアル解説で古文を簡単明快に解き明かす実力講師

三羽 邦美 先生 [古文・漢文]
縦横無尽な知識に裏打ちされた立体的な授業に、グングン引き込まれる！ 

樋口 裕一 先生 [小論文] <客員講師>
小論文指導の第一人者。著書「頭がいい人、悪い人の話し方」は250万部突破！

理科

橋元 淳一郎 先生 [物理]
橋元流の解法は君の脳に衝撃を与える！

鎌田 真彰 先生 [化学]
化学現象の基本を疑い化学全体を見通す"伝説の講義"

田部 眞哉 先生 [生物]
全国の受験生が絶賛するその授業は、わかりやすさそのもの！

地歴公民

荒巻 豊志 先生 [世界史]
"受験世界史に荒巻あり"と言われる超実力人気講師

金谷 俊一郎 先生 [日本史]
入試頻出事項に的を絞った「表解板書」は圧倒的な信頼を得る！ 

野島 博之 先生 [日本史]
歴史の必然性に迫る授業で"日本史に野島あり"と評される実力講師！ 

村瀬 哲史 先生 [地理]
「そうだったのか！」と気づき理解できる。考えることがおもしろくなってくる授業

清水 雅博 先生 [公民]
全国の政経受験者が絶賛のベストセラー講師！

付録 **2**

合格の秘訣 2 革新的な学習システム

東進には、第一志望合格に必要なすべての要素を満たし、抜群の合格実績を生み出す学習システムがあります。

ITを駆使した最先端の勉強法
高速学習

一人ひとりのレベル・目標にぴったりの授業

東進はすべての授業を映像化しています。その数およそ1万種類。これらの授業を個別に受講できるので、一人ひとりのレベル・目標に合った学習が可能です。1.4倍速受講ができるほか自宅のパソコンからも受講できるので、今までにない効率的な学習が実現します。

現役合格者の声

早稲田大学 政治経済学部
大坪 元くん

中学生のころから苦手だった英語を克服するため、高2の3月に東進に入学。自分のペースでどんどん高速学習できるので、限られた時間の中でも英語を基礎からやり直すことができました。

1年分の授業を最短2週間から3カ月で受講

従来の予備校は、毎週1回の授業。しかし、高速学習ならこれを毎日受講することができます。1年分の授業が最短2週間から3カ月程度で修了。先取り学習や苦手科目の克服、勉強と部活との両立が可能になります。

先取りカリキュラム

	高1	高2	高3
東進の学習方法	高1生の学習 →	高2生の学習 →	高3生の学習 → 受験勉強
	数学I・A	数学II	数学III
	高2のうちに受験全範囲を修了する		
従来の学習方法（公立高校の場合）	高1生の学習 →	高2生の学習 →	高3生の学習
	数学I・A	数学II・B	数学III

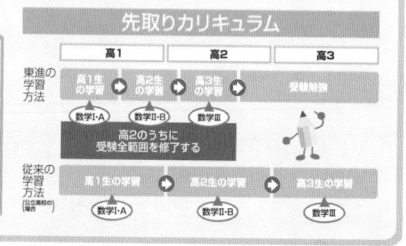

目標まで一歩ずつ確実に
スモールステップ・パーフェクトマスター

基礎から着実に難関レベルに到達できる

自分に合ったレベルから始め、確実に力を伸ばすことが可能です。「簡単すぎる」「難しすぎる」といった無駄がなく、志望校へ最短距離で進みます。また、授業後には「確認テスト」や「講座修了判定テスト」で理解してから先に進むので、わからない部分を残すことはありません。自分の学習成果を細かく確認しながら、着実に力をつけることができます。

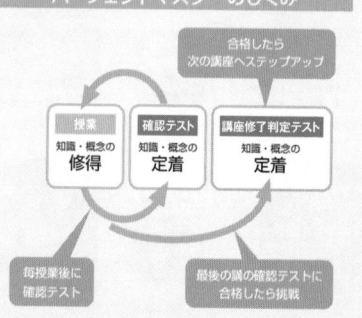

現役合格者の声

東京大学 文科I類
永沢 はなさん

東進では授業の後に確認テストがあります。毎回、満点をとることを目指して授業で学習した範囲をくまなく復習することで、知識を漏れなく身につけることができました。

パーフェクトマスターのしくみ

合格したら次の講座へステップアップ

- **授業**：知識・概念の**修得**
- **確認テスト**：知識・概念の**定着**
- **講座修了判定テスト**：知識・概念の**定着**

毎授業後に確認テスト → 最後の講の確認テストに合格したら挑戦

付録 3

個別説明会

全国の東進ハイスクール・東進衛星予備校の各校舎にて実施しています。
※お問い合わせ先は、付録9ページをご覧ください。

徹底的に学力の土台を固める

高速基礎マスター講座

高速基礎マスター講座は「知識」と「トレーニング」の両面から、科学的かつ効率的に短期間で基礎学力を徹底的に身につけるための講座です。文法事項や重要事項を単元別・分野別にひとつずつ完成させていくことができます。インターネットを介してオンラインで利用できるため、校舎だけでなく、自宅のパソコンやスマートフォンアプリで学習することも可能です。

現役合格者の声

大阪大学 工学部
原田 樹くん

東進で部活と勉強を両立していた野球部の先輩の紹介で入学。「高速基礎マスター講座」の活用により、センター試験に必須の英単語など、基礎知識を素早く、手軽に覚えられました。

東進公式スマートフォンアプリ
東進式マスター登場!
（英単語／英熟語／英文法／基本例文）

スマートフォンアプリですき間時間も徹底活用！

1) スモールステップ・パーフェクトマスター！
頻出度（重要度）の高い英単語から始め、1つのSTEP（計100語）を完全修得すると次のSTEPに進めるようになります。

2) 自分の英単語力が一目でわかる！
トップ画面に「修得語数・修得率」をメーター表示。
自分が今何語修得しているのか、どこを優先的に学習すべきなのか一目でわかります。

3)「覚えていない単語」だけを集中攻略できる！
未修得の単語、または「My語（自分でチェック登録した単語）」だけをテストする出題設定が可能です。
すでに覚えている単語を何度も学習するような無駄を省き、効率良く単語力を高めることができます。

「新・英単語センター1800」

君を熱誠指導でリードする

担任指導

志望校合格のために
君の力を最大限に引き出す

定期的な面談を通じた「熱誠指導」で、最適な学習方法をアドバイス。スケジュールを具体的に示し、君のやる気を引き出します。課題をともに考えて解決し、志望校合格までリードする存在、それが東進の「担任」です。

現役合格者の声

慶應義塾大学 文学部
根橋 里帆さん

担任助手の先生には合格報告会での発表を聞いた時から憧れていました。毎週のグループ面談でアドバイスをいただき、「先生なしでは私の受験はうまくいかなかった」と言っても過言ではありません。

付録 4

合格の秘訣 3 東進ドットコム

ここでしか見られない受験と教育の情報が満載！
大学受験のポータルサイト

www.toshin.com

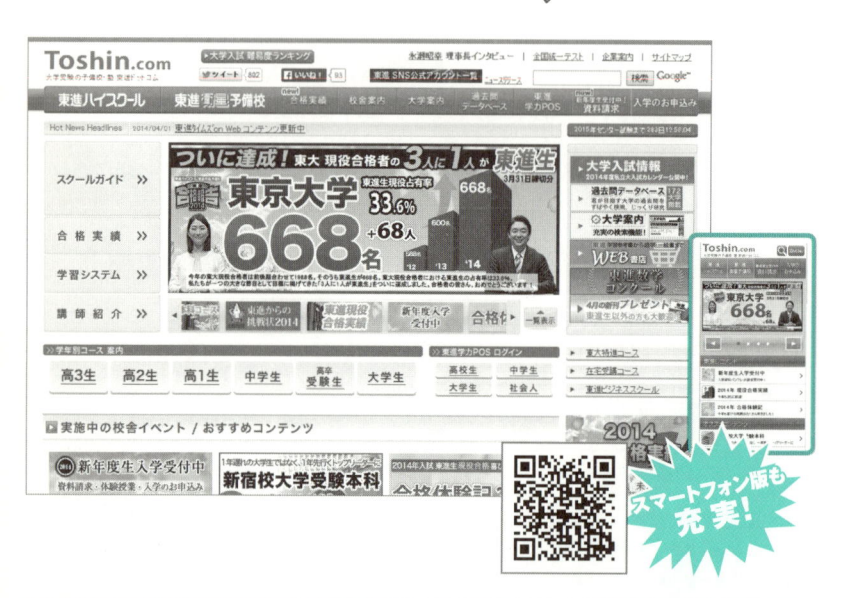

東進 検索

東進公式Twitter @Toshincom
東進公式Facebook www.facebook.com/ToshinHighSchool

東進ブックスのインターネット書店
東進WEB書店

ベストセラー参考書から
夢ふくらむ人生の参考書まで

学習参考書から語学・一般書までベストセラー＆ロングセラーの書籍情報がもりだくさん！ あなたの「学び」をバックアップするインターネット書店です。検索機能もグンと充実。さらに、一部書籍では立ち読みも可能。探し求める１冊に、きっと出会えます。

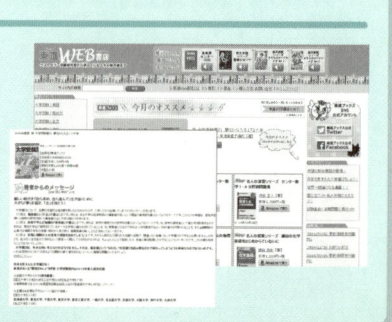

付録 5

スマホ・ケータイからもご覧いただけます

東進ドットコムはスマートフォン・ケータイから簡単アクセス！

最新の入試に対応!!
大学案内

偏差値でも検索できる。検索機能充実！

東進ドットコムの「大学案内」では最新の入試に対応した情報を様々な角度から検索できます。学生の声、入試問題分析、大学校歌など、他では見られない情報が満載！登録は無料です。
また、東進ブックスの『新大学受験案内』では、厳選した172大学を詳しく解説。大学案内とあわせて活用してください。

難易度ランキング　　50音検索

172大学の過去問を無料で閲覧
大学入試過去問データベース

君が目指す大学の過去問をすばやく検索、じっくり研究！

東進ドットコムの「大学入試問題 過去問データベース」は、志望校の過去問をすばやく検索し、じっくり研究することが可能。172大学の過去問をダウンロードすることができます。センター試験の過去問も20年分以上掲載しています。登録は無料です。志望校対策の「最強の教材」である過去問をフル活用することができます。

学生特派員からの
先輩レポート

生の大学情報をリアルタイムに提供！

東進で頑張り難関大学に合格した先輩が、ブログ形式で大学の情報を提供します。大勢の学生特派員によって、大学案内・情報誌などにはない生の大学情報が次々とアップデートされていきます。また、受験を終えたからこそわかるアドバイスも、受験勉強に役立つこと間違いなしです。

付録 6

合格の秘訣 4 東進模試

申込受付中
※お問い合わせ先は付録9ページをご覧ください。

学力を伸ばす模試

「自分の学力を知ること」が受験勉強の第一歩

絶対評価の連続模試
毎回同じ判定基準で、志望校と現在の学力を比較。自分の成績の伸びが正確に把握できます。

入試の『本番レベル』
「合格までにあと何点必要か」がわかる。早期に本番レベルを知ることができます。

最短7日のスピード返却
成績表を、最短で実施7日後に返却。次の目標に向けた復習はバッチリです。

合格指導解説授業
模試受験後に合格指導解説授業を実施。重要ポイントが手に取るようにわかります。

- 全国統一高校生テスト 〔高3生〕〔高2生〕〔高1生〕 年1回

東進模試 ラインアップ 2014年度

模試名	対象	回数
センター試験本番レベル模試	受験生 / 高2生	年5回
センター試験高校生レベル模試	高2生 / 高1生	年4回
東大本番レベル模試	受験生	年3回
京大本番レベル模試	受験生	年3回
北大本番レベル模試	受験生	年2回
東北大本番レベル模試	受験生	年2回
名大本番レベル模試	受験生	年2回
阪大本番レベル模試	受験生	年2回
九大本番レベル模試	受験生	年2回
難関大本番レベル記述模試	受験生	年5回
有名大本番レベル記述模試	受験生	年5回
大学合格基礎力判定テスト	受験生 / 高2生 / 高1生	年4回
センター試験同日体験受験	高2生 / 高1生	年1回
東大入試同日体験受験	高2生	年1回

※センター試験本番レベル模試とのドッキング判定

※最終回がセンター試験後の受験となる模試は、センター試験自己採点とのドッキング判定となります。

東進ハイスクール 在宅受講コースへ
東進で勉強したいが、近くに校舎がない君は…

「遠くて東進の校舎に通えない……」。そんな君も大丈夫！ 在宅受講コースなら自宅のパソコンを使って勉強できます。ご希望の方には、在宅受講コースのパンフレットをお送りいたします。お電話にてご連絡ください。学習・進路相談も随時可能です。

2014年も難関大・有名大 ゾクゾク現役合格
現役合格実績 NO.1

現役のみ！
講習生含まず！
最終学年高3在籍者のみ！

※現役合格実績を公表している全国すべての塾・予備校の中で、表記の難関大合格実績において最大の合格者数です。
東進の合格実績には、高卒生や講習生、公開模試生を含みません。(他の大手予備校とは基準が異なります)

2014年3月31日締切

ついに達成!! 東大現役合格者の3人に1人が東進生

東進生現役占有率 **33.6%**

東大 現役合格者 668名 (昨対 +68名)

- 文I……108名
- 文II……82名
- 文III……96名
- 理I……227名
- 理II……113名
- 理III……42名

今年の東大合格者(前後期合計)は現浪合わせて3,109名。そのうち現役合格者は1,988名。東進の現役合格者は668名ですので、東大現役合格者における東進の占有率は33.6%となります。私たちが一つの大きな節目として目標に掲げてきた「3人に1人は東進生」をついに達成しました。合格者の皆さん、おめでとうございます！

現役合格 旧七帝大+四大学連合 **2,696名** 昨対 +249名

旧七帝大
- 東京大……668名
- 京都大……246名
- 北海道大……220名
- 東北大……181名
- 名古屋大……263名
- 大阪大……380名
- 九州大……341名

四大学連合
- 東京医科歯科大……38名
- 東京工業大……127名
- 一橋大……146名
- 東京外国語大……86名

現役合格 国公立医学部医学科 **543名** 昨対 +22名

- 東京大(理科III類)……42名
- 京都大(医学科)……11名
- 北海道大(医学部医学科)……11名
- 東北大(医学部医学科)……12名
- 名古屋大(医学部医学科)……9名
- 大阪大(医学部医学科)……14名
- 九州大(医学部医学科)……18名
- 旭川医科大(医学部医学科)……10名
- 弘前大(医学部医学科)……10名
- 秋田大(医学部医学科)……7名
- 福島県立医科大(医学科)……11名
- 筑波大(医学部医学科)……14名
- 群馬大(医学部医学科)……13名
- 千葉大(医学部医学科)……12名
- 東京医科歯科大(医学部医学科)……19名
- 横浜市立大(医学部医学科)……13名
- 新潟大(医学部医学科)……11名
- 金沢大(医学部医学科)……11名
- 福井大(医学部医学科)……13名
- 山梨大(医学部医学科)……11名
- 信州大(医学部医学科)……7名
- 岐阜大(医学部医学科)……13名
- 浜松医科大(医学部医学科)……8名
- 名古屋市立大(医学部医学科)……8名
- 三重大(医学部医学科)……18名
- 滋賀医科大(医学科)……8名
- 信州大(医学部医学科)……9名
- 京都府立医科大(医学部医学科)……9名
- 大阪市立大(医学部医学科)……8名
- 神戸大(医学部医学科)……7名
- 岡山大(医学部医学科)……12名
- 広島大(医学部医学科)……15名
- 山口大(医学部医学科)……14名
- 徳島大(医学部医学科)……13名
- 香川大(医学部医学科)……8名
- 愛媛大(医学部医学科)……15名
- 高知大(医学部医学科)……11名
- 佐賀大(医学部医学科)……20名
- 長崎大(医学部医学科)……13名
- 熊本大(医学部医学科)……9名
- その他国公立大学医学部医学科……54名

現役合格 早慶 **4,210名** 昨対 +181名

- 早稲田大……2,757名
- 慶應義塾大……1,453名

東進生現役占有率 **20.7%** 4.9人に1人が東進生!!※
東進生現役占有率 **23.2%** 4.4人に1人が東進生!!※

現役合格 全国主要国公立大

- 北海道教育大……89名
- 弘前大……78名
- 岩手大……45名
- 宮城大……30名
- 秋田大……45名
- 山形大……69名
- 福島大……59名
- 筑波大……221名
- 茨城大……145名
- 宇都宮大……52名
- 群馬大……70名
- 埼玉大……147名
- 埼玉県立大……37名
- 千葉大……282名
- 首都大学東京……241名
- お茶の水女子大……58名
- 電気通信大……57名
- 東京学芸大……119名
- 東京農工大……87名
- 横浜国立大……237名
- 横浜市立大……173名
- 新潟大……191名
- 富山大……133名
- 金沢大……180名
- 福井大……59名
- 山梨大……78名
- 信州大……157名
- 岐阜大……124名
- 静岡大……182名
- 静岡県立大……74名
- 愛知教育大……94名
- 名古屋大……118名
- 名古屋市立大……107名
- 三重大……209名
- 滋賀大……95名
- 京都大……107名
- 大阪市立大……185名
- 大阪府立大……175名
- 大阪教育大……109名
- 神戸大……374名
- 奈良女子大……52名
- 和歌山大……62名
- 鳥取大……94名
- 島根大……64名
- 岡山大……212名
- 広島大……268名
- 山口大……225名
- 徳島大……113名
- 香川大……96名
- 愛媛大……177名
- 高知大……66名
- 北九州市立大……112名
- 佐賀大……105名
- 長崎大……118名
- 熊本大……177名
- 大分大……63名
- 宮崎大……59名
- 鹿児島大……92名
- 琉球大……95名

現役合格 上理明青立法中 **13,498名** 昨対 +1,408名

- 上智大……980名
- 東京理科大……1,621名
- 明治大……3,181名
- 青山学院大……1,382名
- 立教大……1,781名
- 法政大……2,656名
- 中央大……1,897名

現役合格 関関同立 **9,197名** 昨対 +668名

- 関西学院大……1,589名
- 関西大……2,308名
- 同志社大……1,999名
- 立命館大……3,301名

現役合格 私立医学部医学科 **438名** 昨対 +32名 ※防衛医科大学校を含む

※東進調べ

ウェブサイトでもっと詳しく ➡ 東進 🔍検索

付録 **8**

各大学の合格実績は、東進ハイスクールと東進衛星予備校の合同実績です。

東進へのお問い合わせ・資料請求は
東進ドットコム www.toshin.com
もしくは下記のフリーダイヤルへ！

ハッキリ言って合格実績が自慢です！大学受験なら、

東進ハイスクール　0120-104-555 (トーシン・ゴーゴーゴー)

●東京都

[中央地区]
- 市ヶ谷校　0120-104-205
- 新宿エルタワー校　0120-104-121
- ★新宿校大学受験本科　0120-104-020
- 高田馬場校　0120-104-770

[城北地区]
- 赤羽校　0120-104-293
- 本郷三丁目校　0120-104-068
- 茗荷谷校　0120-738-104

[城東地区]
- 綾瀬校　0120-104-762
- 金町校　0120-452-104
- ★北千住校　0120-693-104
- 錦糸町校　0120-104-249
- 豊洲校　0120-104-282
- 西新井校　0120-266-104
- 西葛西校　0120-289-104
- 門前仲町校　0120-104-016

[城西地区]
- ★池袋校　0120-104-062
- 大泉学園校　0120-104-862
- 荻窪校　0120-687-104
- 高円寺校　0120-104-627
- 石神井校　0120-104-159
- 巣鴨校　0120-104-780
- 成増校　0120-028-104
- 練馬校　0120-104-643

[城南地区]
- 大井町校　0120-575-104
- 蒲田校　0120-265-104
- 五反田校　0120-672-104
- 三軒茶屋校　0120-104-739
- 渋谷駅西口校　0120-389-104
- 下北沢校　0120-104-672
- 自由が丘校　0120-964-104
- 成城学園前駅北口校　0120-104-616
- 千歳烏山校　0120-104-331
- 都立大学駅前校　0120-275-104

[東京都下]
- ★吉祥寺校　0120-104-775
- 国立校　0120-104-599
- 国分寺校　0120-622-104
- 立川駅北口校　0120-104-662
- 田無校　0120-104-272
- 調布校　0120-104-305
- 八王子校　0120-896-104
- 東久留米校　0120-565-104
- 府中校　0120-104-676
- ★町田校　0120-104-507
- 武蔵小金井校　0120-480-104
- 武蔵境校　0120-104-769

●神奈川県
- 青葉台校　0120-104-947
- 厚木校　0120-104-716
- 川崎校　0120-226-104
- 湘南台東口校　0120-104-706
- 新百合ヶ丘校　0120-104-182
- センター南駅前校　0120-104-722
- たまプラーザ校　0120-104-445
- 鶴見校　0120-876-104
- 平塚校　0120-104-742
- 藤沢校　0120-104-549
- 向ヶ丘遊園校　0120-104-757
- 武蔵小杉校　0120-165-104
- ★横浜校　0120-104-473

●埼玉県
- 浦和校　0120-104-561
- 大宮校　0120-104-858
- ★春日部校　0120-104-508
- 川口校　0120-917-104
- 川越校　0120-104-538
- 小手指校　0120-104-759
- 志木校　0120-104-202
- せんげん台校　0120-104-388
- 草加校　0120-104-690
- 所沢校　0120-104-594
- ★南浦和校　0120-104-573
- 与野校　0120-104-755

●千葉県
- 我孫子校　0120-104-253
- 市川駅前校　0120-104-381
- 稲毛海岸校　0120-104-575
- 海浜幕張校　0120-104-926
- ★柏校　0120-104-353
- 北習志野校　0120-344-104
- 新浦安校　0120-556-104
- 新松戸校　0120-104-354
- ★千葉校　0120-104-564
- ★津田沼校　0120-104-724
- 土気校　0120-104-584
- 成田駅前校　0120-104-346
- 船橋校　0120-104-514
- 松戸校　0120-104-257
- 南柏校　0120-104-439
- 八千代台校　0120-104-863

●茨城県
- つくば校　0120-403-104
- 土浦校　0120-059-104
- 取手校　0120-104-328

●静岡県
- ★静岡校　0120-104-585

●長野県
- 長野校　0120-104-586

●奈良県
- JR奈良駅前校　0120-104-746
- ★奈良校　0120-104-597

（2014年4月現在）
★ は高卒本科（高卒生）設置校
☆ は高卒生専用校舎

※変更の可能性があります。最新情報は
ウェブサイトで確認できます。

全国869校、10万人の高校生が通う、

東進衛星予備校　0120-104-531 (トーシン・ゴーサイン)

※2014年3月末現在

東進ドットコムでお近くの校舎を検索！

資料請求もできます

- 「東進衛星予備校」の「校舎案内」をクリック
- エリア・都道府県を選択
- 校舎一覧が確認できます

近くに東進の校舎がない高校生のための

東進ハイスクール 在宅受講コース　0120-531-104 (ゴーサイン・トーシン)